nota bene

À la rescousse de l'Histoire

SCÉNARIO
Mathieu Mariolle et Benjamin Brillaud

DESSIN
Christian Paty

COULEUR
Joël Odone

soleil

RASPOUTINE
1869 - 1916
DÉLIRES MYSTIQUES, PROPHÉTIE AUTO-RÉALISATRICE, IMAGE SULFUREUSE ET INTUITIONS BIEN SENTIES... LE CÉLÈBRE RASPOUTINE EST SANS AUCUN DOUTE UN DES PERSONNAGES LES PLUS INTRIGANTS DE L'HISTOIRE DU DÉBUT DU XXe SIÈCLE. LIBIDO DÉBRIDÉE ET INFLUENCE POLITIQUE GRANDISSANTE FINIRONT PAR AVOIR RAISON DE LUI, MAIS CENT ANS PLUS TARD, LE MYSTÉRIEUX GUÉRISSEUR DU FIN FOND DE LA SIBÉRIE EST TOUJOURS UNE LÉGENDE AUTOUR DE LAQUELLE GRAVITENT BEAUCOUP D'INTERROGATIONS. QUI ÉTAIT VRAIMENT RASPOUTINE ? ET QUEL ÉTAIT SON VÉRITABLE RÔLE À LA COUR DU TSAR ?

DANS L'HISTOIRE DE LA GRANDE RUSSIE, IL Y A UN PERSONNAGE QUI DÉNOTE, QUI FASCINE ET QUI EFFRAIE À LA FOIS : RASPOUTINE.
L'ORIGINE MÊME DE L'HOMME EST FLOUE, ET C'EST BIEN LÀ LE PREMIER ÉLÉMENT DE LA CONSTRUCTION DE SA LÉGENDE.
NOUS AUTRES OCCIDENTAUX NE LE CONNAISSONS SURTOUT QUE PAR DES CHANSONS OU DES PETITES HISTOIRES, VOIRE DES DESSINS ANIMÉS COMME "ANASTASIA" OÙ IL JOUE LE RÔLE DU GRAND MÉCHANT.
Григорий Ефимович Распутин Новый
ДИПЛОМ
МЕДЕСИН
КОНСЕЙ
ПСИКО
МЕНТАЛИСТ
(МАНИПУЛАТОР НАРСИСИК)
CE QUI EST SÛR, C'EST QUE LA VIE DE CET HOMME EST DIGNE D'UN ROMAN.
LES ARCHIVES DE L'ÉPOQUE AYANT ÉTÉ DÉTRUITES EN GRANDE PARTIE, LA DATE DE NAISSANCE DE GRIGORI EFIMOVITCH RASPOUTINE EST POUR TOUS UN GRAND MYSTÈRE.
SI CERTAINS HISTORIENS ONT PU UN TEMPS PENSER QU'IL ÉTAIT NÉ EN 1864, ON ADMET AUJOURD'HUI QUE 1869 SEMBLE UNE DATE PLUS RAISONNABLE.
FILS DE FERMIERS, IL GRANDIT DANS LE VILLAGE SIBÉRIEN DE POKROVSKOÏE ET MANIFESTE TRÈS TÔT DES TALENTS DE GUÉRISSEUR ET DE PROPHÈTE.
C'EST TOUT DE SUITE PLUS MYTHIQUE QUE DE TRAVAILLER LA TERRE, HEIN ?
CES DEUX PARTICULARITÉS GUIDERONT D'AILLEURS SA VIE ET C'EST GRÂCE À ELLES QUE NOTRE HOMME SE FERA UNE RÉPUTATION EN PARCOURANT LE PAYS, ENTAMANT MÊME UN VOYAGE SPIRITUEL JUSQU'EN GRÈCE... À PIED.
ATHENES
4500km

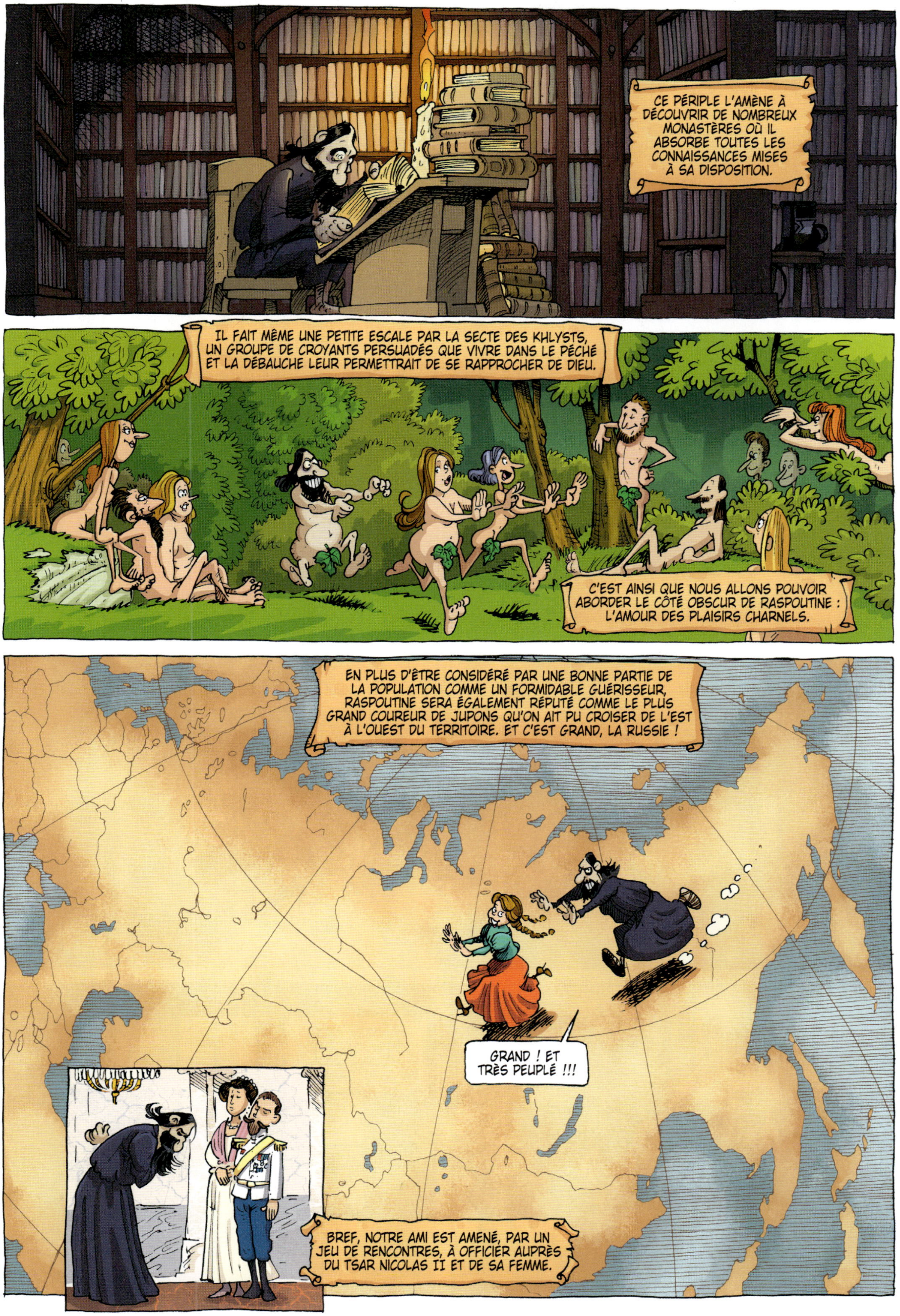

CE PÉRIPLE L'AMÈNE À DÉCOUVRIR DE NOMBREUX MONASTÈRES OÙ IL ABSORBE TOUTES LES CONNAISSANCES MISES À SA DISPOSITION.
IL FAIT MÊME UNE PETITE ESCALE PAR LA SECTE DES KHLYSTS, UN GROUPE DE CROYANTS PERSUADÉS QUE VIVRE DANS LE PÉCHÉ ET LA DÉBAUCHE LEUR PERMETTRAIT DE SE RAPPROCHER DE DIEU.
C'EST AINSI QUE NOUS ALLONS POUVOIR ABORDER LE CÔTÉ OBSCUR DE RASPOUTINE : L'AMOUR DES PLAISIRS CHARNELS.
EN PLUS D'ÊTRE CONSIDÉRÉ PAR UNE BONNE PARTIE DE LA POPULATION COMME UN FORMIDABLE GUÉRISSEUR, RASPOUTINE SERA ÉGALEMENT RÉPUTÉ COMME LE PLUS GRAND COUREUR DE JUPONS QU'ON AIT PU CROISER DE L'EST À L'OUEST DU TERRITOIRE. ET C'EST GRAND, LA RUSSIE !
GRAND ! ET TRÈS PEUPLÉ !!!
BREF, NOTRE AMI EST AMENÉ, PAR UN JEU DE RENCONTRES, À OFFICIER AUPRÈS DU TSAR NICOLAS II ET DE SA FEMME.

ON LUI PRÊTE LA GUÉRISON MIRACULEUSE DU FILS DU TSAR, ALEXIS, POURTANT ATTEINT D'HÉMOPHILIE, UNE MALADIE EMPÊCHANT LE SANG DE COAGULER, SUSCEPTIBLE DONC DE PROVOQUER DES HÉMORRAGIES.
BON, EN VRAI, IL SUPPRIME JUSTE TOUS SES MÉDICAMENTS EN VOULANT SE CONCENTRER SUR LA PRIÈRE.
ET IL SE TROUVE QU'ON DONNAIT À ALEXIS BEAUCOUP D'ASPIRINE, QUI EST UN ANTICOAGULANT. DU COUP, ÇA NE POUVAIT QU'ALLER MIEUX !
BÉNIS SOIENT LES IGNORANTS...
DANS TOUS LES CAS, CONCOURS DE CIRCONSTANCES OU PAS, CES SÉANCES DE PRIÈRES GUÉRISSEUSES "FONCTIONNENT" ET FONT FUREUR AU PALAIS ET DANS LA GRANDE NOBLESSE.
ET QU'Y A-T-IL DANS LA GRANDE NOBLESSE ? DES NOBLES DAMES...
ET IL EN A, DU SUCCÈS, AUPRÈS DE CES NOBLES DAMES...
ET IL S'EN ATTIRE DES ENNEMIS, DES MARIS JALOUX, BAFOUÉS, TROMPÉS...
ET C'EST EN PARTIE CE QUI CAUSERA SA PERTE.

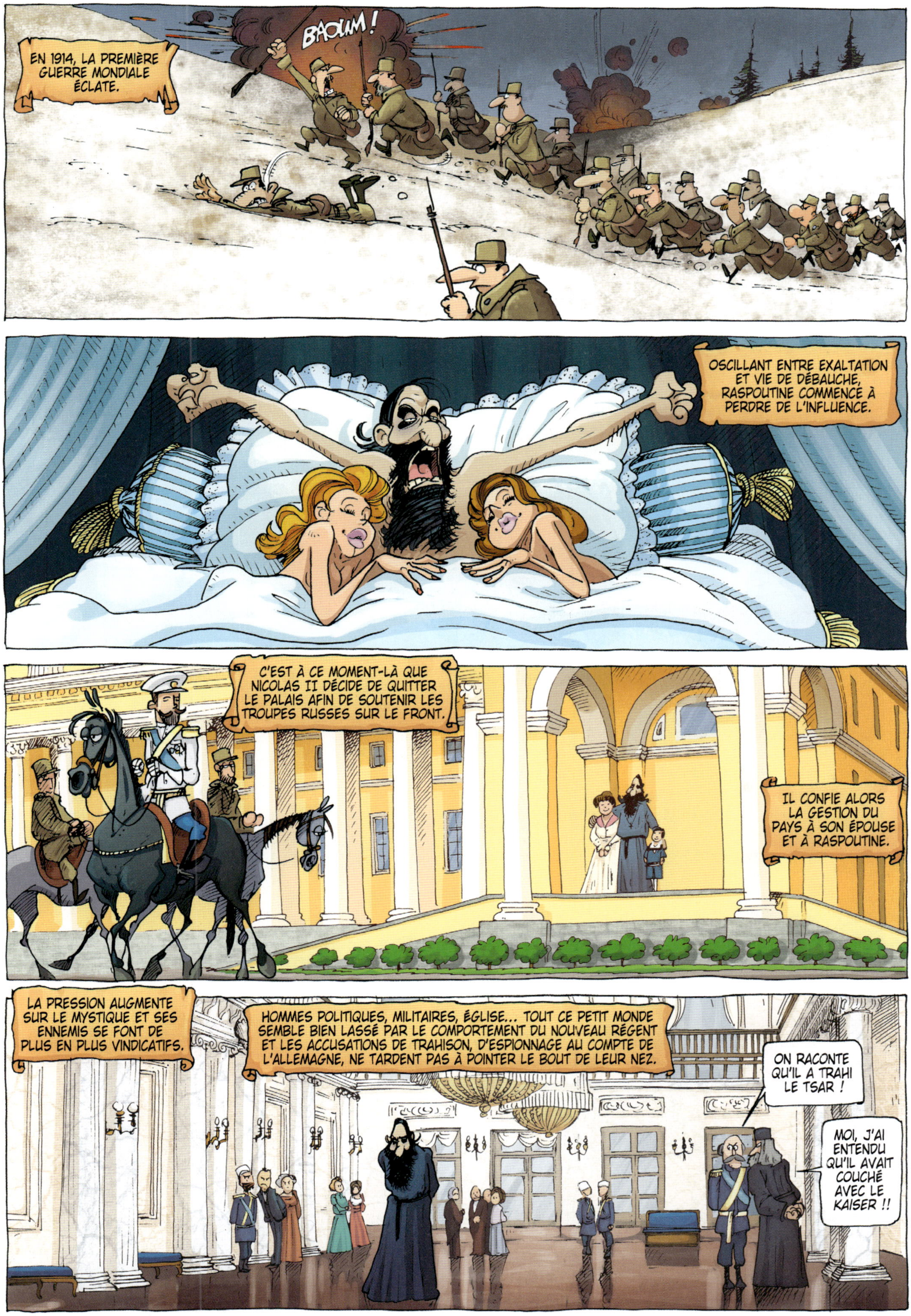
EN 1914, LA PREMIÈRE GUERRE MONDIALE ÉCLATE.
BAOUM !
OSCILLANT ENTRE EXALTATION ET VIE DE DÉBAUCHE, RASPOUTINE COMMENCE À PERDRE DE L'INFLUENCE.
C'EST À CE MOMENT-LÀ QUE NICOLAS II DÉCIDE DE QUITTER LE PALAIS AFIN DE SOUTENIR LES TROUPES RUSSES SUR LE FRONT.
IL CONFIE ALORS LA GESTION DU PAYS À SON ÉPOUSE ET À RASPOUTINE.
LA PRESSION AUGMENTE SUR LE MYSTIQUE ET SES ENNEMIS SE FONT DE PLUS EN PLUS VINDICATIFS.
HOMMES POLITIQUES, MILITAIRES, ÉGLISE... TOUT CE PETIT MONDE SEMBLE BIEN LASSÉ PAR LE COMPORTEMENT DU NOUVEAU RÉGENT ET LES ACCUSATIONS DE TRAHISON, D'ESPIONNAGE AU COMPTE DE L'ALLEMAGNE, NE TARDENT PAS À POINTER LE BOUT DE LEUR NEZ.
ON RACONTE QU'IL A TRAHI LE TSAR !
MOI, J'AI ENTENDU QU'IL AVAIT COUCHÉ AVEC LE KAISER !!

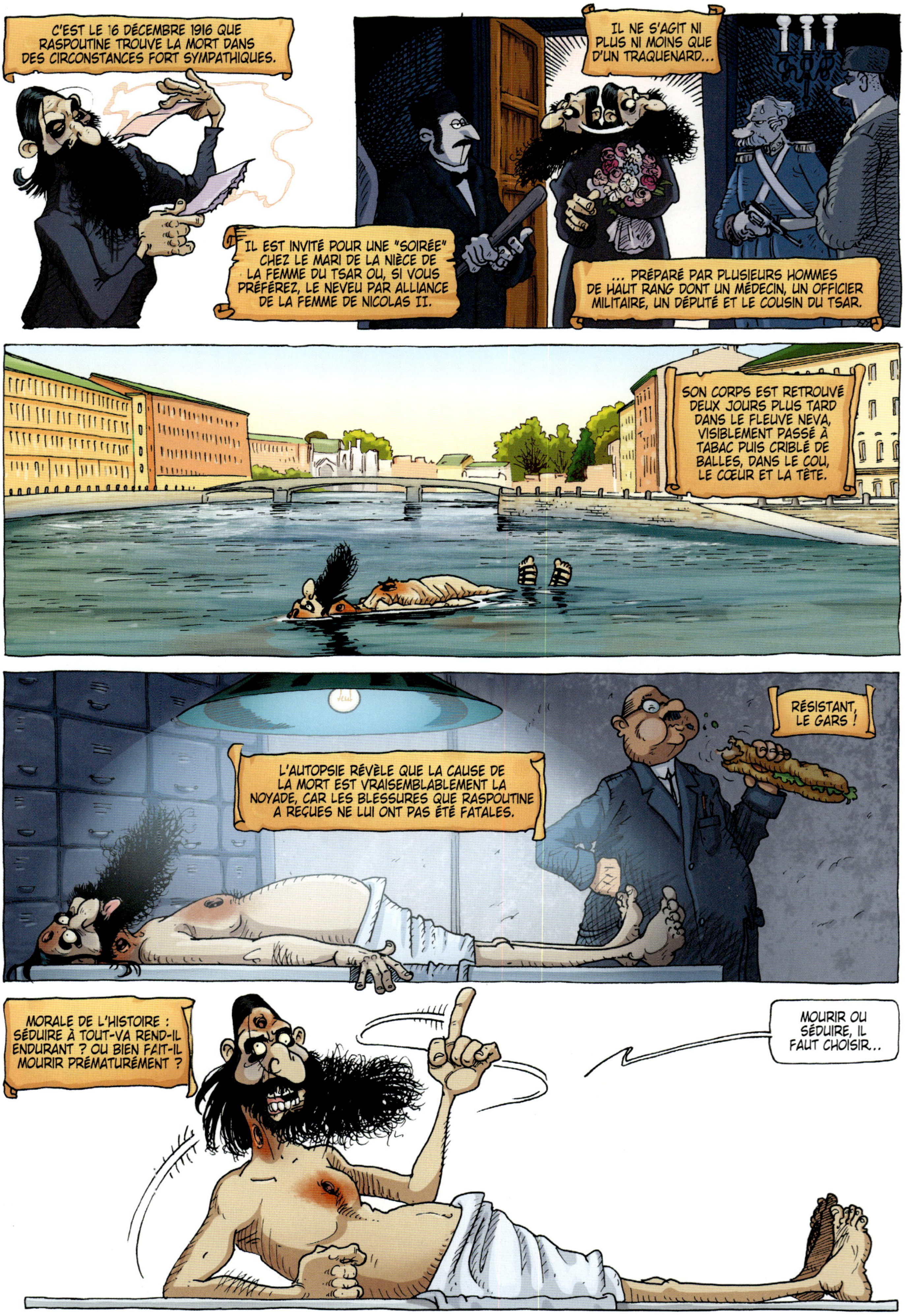
C'EST LE 16 DÉCEMBRE 1916 QUE RASPOUTINE TROUVE LA MORT DANS DES CIRCONSTANCES FORT SYMPATHIQUES.
IL EST INVITÉ POUR UNE "SOIRÉE" CHEZ LE MARI DE LA NIÈCE DE LA FEMME DU TSAR OU, SI VOUS PRÉFÉREZ, LE NEVEU PAR ALLIANCE DE LA FEMME DE NICOLAS II.
IL NE S'AGIT NI PLUS NI MOINS QUE D'UN TRAQUENARD...
... PRÉPARÉ PAR PLUSIEURS HOMMES DE HAUT RANG DONT UN MÉDECIN, UN OFFICIER MILITAIRE, UN DÉPUTÉ ET LE COUSIN DU TSAR.
SON CORPS EST RETROUVÉ DEUX JOURS PLUS TARD DANS LE FLEUVE NEVA, VISIBLEMENT PASSÉ À TABAC PUIS CRIBLÉ DE BALLES, DANS LE COU, LE CŒUR ET LA TÊTE.
L'AUTOPSIE RÉVÈLE QUE LA CAUSE DE LA MORT EST VRAISEMBLABLEMENT LA NOYADE, CAR LES BLESSURES QUE RASPOUTINE A REÇUES NE LUI ONT PAS ÉTÉ FATALES.
RÉSISTANT, LE GARS !
MORALE DE L'HISTOIRE : SÉDUIRE À TOUT-VA REND-IL ENDURANT ? OU BIEN FAIT-IL MOURIR PRÉMATURÉMENT ?
MOURIR OU SÉDUIRE, IL FAUT CHOISIR...

CHARLES VI
1368 - 1422
NAÎTRE DANS UNE BONNE FAMILLE, C'EST AVOIR L'ASSURANCE D'UNE VIE PLUS FACILE QUE LES AUTRES. FAUX, RÉPONDRAIT CHARLES VI ! CAR COMME LE DIT LE PROVERBE, SI ON CHOISIT SES AMIS, ON NE CHOISIT PAS SA FAMILLE. ET LA FAMILLE, CHEZ CHARLES VI, C'EST UN PEU PARTICULIER... ET SURTOUT TRÈS CONSANGUIN ! CE QUI DONNE UN RÈGNE ASSEZ CHAOTIQUE, PARFOIS DRAMATIQUE, PONCTUÉ DE MÉSAVENTURES QUI FONT LE BONHEUR DES AUTEURS DE ROMANS. QUAND LA FOLIE D'UN ROI MET LE ROYAUME EN PÉRIL, QUELLES SOLUTIONS POUR SES SUJETS ?

ON A BEAU NAÎTRE ROI, CE N'EST PAS TOUJOURS UN GAGE DE RÉUSSITE NI DE BIEN-ÊTRE...
DESCENDANT DE SAINT LOUIS ET CHARLES D'ANJOU, LESQUELS S'ÉTAIENT EUX-MÊMES MARIÉS À DEUX SŒURS, MARGUERITE ET BÉATRICE DE PROVENCE, CHARLES VI EST ISSU DE DEUX SIÈCLES DE MARIAGES CONSANGUINS.
DEUX SIÈCLES PENDANT LESQUELS ABSOLUMENT AUCUNE UNION N'A EU LIEU EN DEHORS DE CETTE FAMILLE.

AUTANT DIRE QUE LA DYNASTIE RENCONTRE QUELQUES PROBLÈMES...
PAR EXEMPLE, LA MÈRE DE CHARLES VI, JEANNE DE BOURBON, EST SUJETTE À DES CRISES DE PSYCHOSE AMNÉSIQUE.
ILS ÉCOUTENT MES PENSÉES, JE LE SAIS. MAIS JE PEUX LES BLOQUER AVEC CE CASQUE QUE J'AI FABRIQUÉ !
SON GRAND-PÈRE EST À MOITIÉ ZINZIN, SON ONCLE SOUFFRE DE CE QUE L'ON NOMME "MÉLANCOLIE", ET SES FRÈRES ET SŒURS NE SONT PAS VRAIMENT NETS NON PLUS.
JOLI PORTRAIT DE FAMILLE, NON ?

CES ÉPISODES DE FOLIE PONCTUENT LA VIE DE CHARLES VI D'ANECDOTES PLUS OU MOINS "RIGOLOTES", MAIS LA PLUPART DU TEMPS CARRÉMENT DRAMATIQUES.
AINSI, UN BEAU JOUR DE L'ÉTÉ 1392, ALORS QUE LE SOLEIL TAPE FORT ET HAUT DANS LE CIEL, LE ROI CHEVAUCHE AVEC SA SUITE EN DIRECTION DE LA BRETAGNE POUR GUERROYER...
NE CHEVAUCHE PAS PLUS AVANT, NOBLE ROI, TU ES TRAHI !
SI L'HOMME EST RAPIDEMENT ÉLOIGNÉ ET QUE LA TROUPE REPREND SON CHEMIN, CES PAROLES TROUVENT APPAREMMENT UN ÉCHO DANS LA TÊTE DE CHARLES VI.

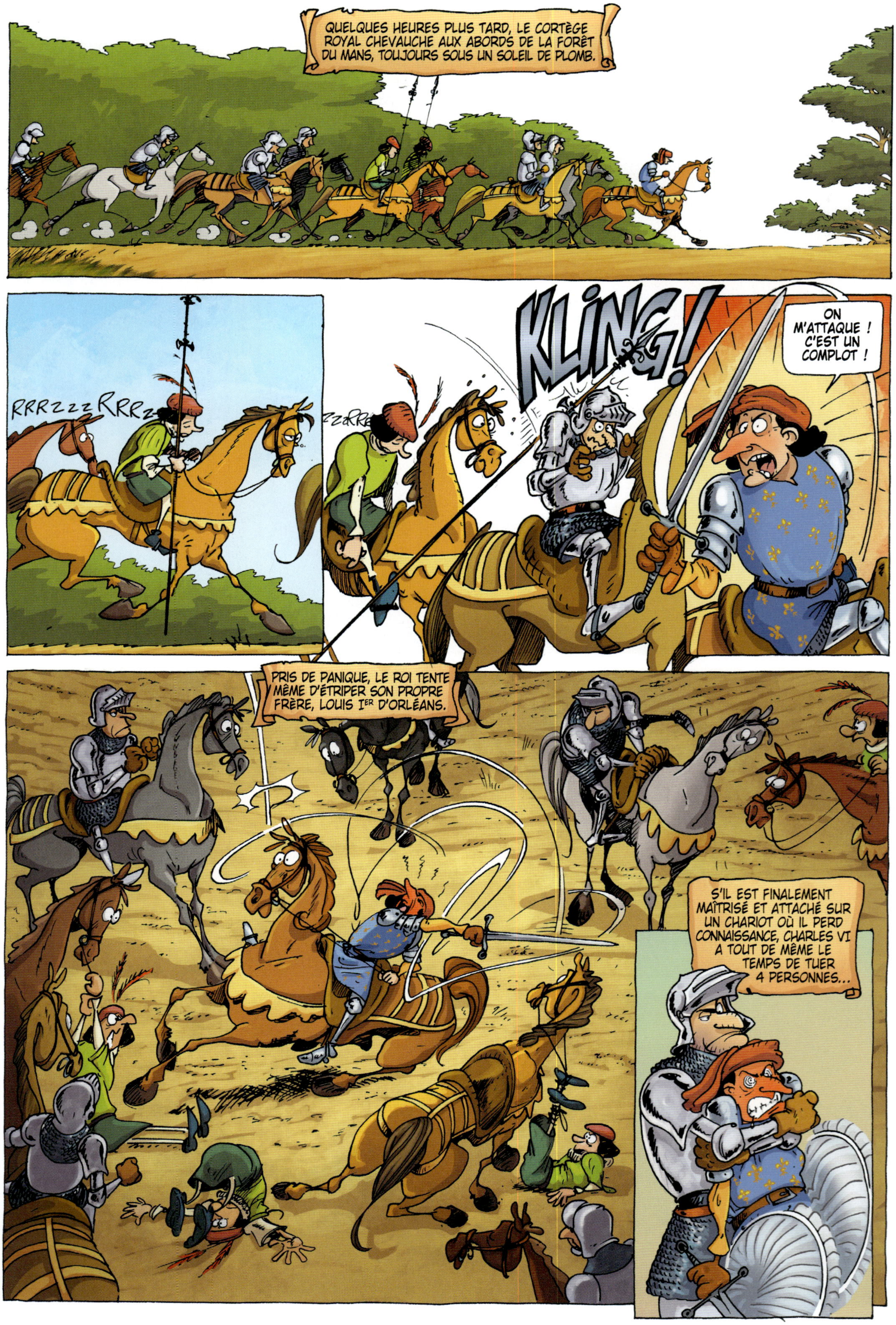
QUELQUES HEURES PLUS TARD, LE CORTÈGE ROYAL CHEVAUCHE AUX ABORDS DE LA FORÊT DU MANS, TOUJOURS SOUS UN SOLEIL DE PLOMB.
RRRzzzRRRz
KLING !
ON M'ATTAQUE ! C'EST UN COMPLOT !
PRIS DE PANIQUE, LE ROI TENTE MÊME D'ÉTRIPER SON PROPRE FRÈRE, LOUIS Ier D'ORLÉANS.
S'IL EST FINALEMENT MAÎTRISÉ ET ATTACHÉ SUR UN CHARIOT OÙ IL PERD CONNAISSANCE, CHARLES VI A TOUT DE MÊME LE TEMPS DE TUER 4 PERSONNES...

LES CRISES DEVIENNENT ALORS RÉGULIÈRES, MAIS ELLES S'INTENSIFIENT ENCORE EN 1393, APRÈS CE QUE L'ON A APPELÉ LE "BAL DES ARDENTS".
LORS D'UN BAL ORGANISÉ POUR LE MARIAGE D'UNE AMIE DE L'ÉPOUSE DU ROI, CHARLES VI ET QUELQUES SEIGNEURS DÉCIDENT DE SE DÉGUISER EN "SAUVAGES" EN SE RECOUVRANT LE CORPS D'ÉTOUPE ET DE POIX.
OUI, DES MATIÈRES "UN PEU" INFLAMMABLES...
ON ÉLOIGNE DONC LES BOUGIES ET LES TORCHES, ET AU SON DE LA MUSIQUE, LES LARRONS S'AMUSENT À JOUER DE LEUR APPARENCE PARMI LES CONVIVES.
JUSQUE-LÀ ÇA VA, C'EST JUSTE UNE BANDE DE POTES QUI S'AMUSENT.
MAIS LE FRÈRE DU ROI, LOUIS, QUI A PASSÉ LA SOIRÉE DANS UNE TAVERNE, REJOINT LES FESTIVITÉS COMPLÈTEMENT IVRE.
ET VU QUE, JUSTEMENT, IL EST TORCHÉ, IL APPROCHE LE FEU DES FÊTARDS POUR MIEUX LES VOIR...

LE ROI EST SAUVÉ DE JUSTESSE GRÂCE À SA TANTE QUI VIENT ÉTOUFFER LES FLAMMES.
LES QUATRE SEIGNEURS N'ONT PAS CETTE CHANCE ET DÉCÈDENT DE CETTE TRAGÉDIE.
LE MONARQUE SOMBRE DÉFINITIVEMENT DANS LA FOLIE APRÈS CET ÉPISODE QUI ACHÈVE EN OUTRE DE SAPER SA CRÉDIBILITÉ AUPRÈS DU PEUPLE...

VASCO DE GAMA
1469 - 1524
ON IMAGINE SOUVENT LES GRANDS EXPLORATEURS COMME DES HOMMES SÛRS D'EUX, SEULS À CROIRE EN UN RÊVE UN PEU FOU... BRAVANT LES ÉLÉMENTS AU PÉRIL DE LEUR VIE POUR MONTRER AU RESTE DU MONDE QU'ILS ONT RAISON, QU'ILS SONT À L'AUBE D'UNE DÉCOUVERTE MAJEURE, D'UN CHEMIN, D'UN PASSAGE QUI CHANGERA LE COURS DES CHOSES. EN SOMME... DERRIÈRE L'ITALIEN CHRISTOPHE COLOMB, LE PORTUGAIS VASCO DE GAMA ET D'AUTRES DE CES GRANDS VOYAGEURS SE CACHENT EN RÉALITÉ DES HOMMES À L'AMBITION DÉBORDANTE, QUE RIEN NE PEUT EMPÊCHER D'ACCOMPLIR LEUR DESTIN, QUITTE À SOMBRER DANS LA FOLIE...

DES GRANDS EXPLORATEURS, IL Y EN A EU PLUS D'UN ET POURTANT CERTAINS, IL FAUT BIEN L'AVOUER, ONT MEILLEURE RÉPUTATION QUE D'AUTRES...
LA LIGUE DES EXPLORATEURS EXTRAORDINAIRES.
COLOMB N'EST PAS LÀ, CE SOIR ?
CE CRÂNEUR EST ENCORE EN AMÉRIQUE !
CE N'EST ABSOLUMENT PAS LE CAS DE NOTRE PROCHAIN PROTAGONISTE, VASCO DE GAMA, QUI A POURTANT OUVERT LA VOIE DU COMMERCE MARITIME AVEC L'INDE, RIEN QUE ÇA...
LE 8 JUILLET 1497, LE ROI DU PORTUGAL, EMMANUEL, DÉCIDE D'ENVOYER UNE FLOTTE DE 4 NAVIRES ET 160 HOMMES AFIN DE RELIER SON ROYAUME AUX INDES. UNE FLOTTE MENÉE PAR VASCO DE GAMA, UN NAVIGATEUR QUI A DÉJÀ FAIT SES PREUVES EN BOTTANT LES FESSES DES FRANÇAIS.
LA CÔTE OUEST DE L'AFRIQUE EST DÉJÀ BIEN CONNUE À CETTE ÉPOQUE, CAR ELLE A ÉTÉ EXPLORÉE PENDANT DE NOMBREUSES ANNÉES.
CEPENDANT, AU-DELÀ DU CAP DE BONNE-ESPÉRANCE, C'EST LE FLOU ARTISTIQUE ET POUR ARRIVER JUSQUE-LÀ, IL FAUT TOUT DE MÊME SE FRAYER UN CHEMIN SUR DES CÔTES PRINCIPALEMENT MUSULMANES OÙ LES CHRÉTIENS NE SONT PAS VRAIMENT LES BIENVENUS...
Côte Africaine
BOOM
VASCO DE GAMA ÉCHAPPE AINSI À PLUSIEURS PIÈGES TENDUS PAR DES CHEFS MUSULMANS TENANT LES RÉGIONS DANS LESQUELLES IL FAIT ESCALE.
... CE QUI NE L'EMPÊCHE PAS DE FAIRE SON PETIT BONHOMME DE CHEMIN EN CRÉANT QUELQUES COMPTOIRS COMMERCIAUX AU PASSAGE.
ET QUAND IL CHERCHE QUELQUES INFORMATIONS SUR LES LIEUX QU'IL DOIT TRAVERSER ET QU'IL NE CONNAÎT PAS, IL INVITE GENTIMENT DES LOCAUX AFIN DE LUI INDIQUER LA ROUTE. S'ILS REFUSENT, CE N'EST PAS GRAVE DU TOUT, PUISQU'EN FAIT, IL LES INVITE QUAND MÊME...
MAIS SI, MAIS SI, VOUS AVEZ TRÈS ENVIE DE DEVENIR NOTRE NOUVEAU GUIDE.

LE VOYAGE N'EST PAS DE TOUT REPOS. À COMMENCER PAR DES CONDITIONS MÉTÉOROLOGIQUES, PARTICULIÈREMENT... POURRIES ! Y A PAS D'AUTRES MOTS !
AUXQUELLES S'AJOUTENT LA DYSENTERIE ET LE SCORBUT.
LES MARINS ONT DONC LE CHOIX ENTRE DE BONS GROS MAUX DE VENTRE OU DES DENTS QUI SE DÉCHAUSSENT AU PREMIER SOURIRE...
MALGRÉ TOUTES CES PÉRIPÉTIES, VASCO DE GAMA PARVIENT ENFIN EN INDE. PLUS PRÉCISÉMENT DANS LA VILLE DE CALICUT, OÙ IL SE PRÉSENTE DEVANT LE SOUVERAIN EN CHARGE.
UN PROFOND SOULAGEMENT, SANS AUCUN DOUTE. JUSQU'AU MOMENT OÙ IL SORT LES QUELQUES BRICOLES QU'IL A RAMENÉES AVEC LUI POUR LES OFFRIR À SON HÔTE...
MAIS LE RÂJA TROUVE CES PRÉSENTS COMPLÈTEMENT NULS ET DÉCIDE DE LES REFUSER..
EN MÊME TEMPS, ET CE N'EST PAS UNE BLAGUE, LE NAVIGATEUR OFFRE DES POTS DE CHAMBRE AU SOUVERAIN... IL FALLAIT OSER..

POUR RÉSUMER : VASCO VIENT DE PASSER DIX MOIS EN MER, SE FAISANT HARCELER À CHAQUE FOIS QU'IL POSE LE PIED À TERRE, IL A EU BEAUCOUP DE MAL À DIGÉRER PENDANT UN CERTAIN TEMPS, IL A PERDU UNE GRANDE PARTIE DE SES HOMMES ET IL A TRAVERSÉ LA MOITIÉ DU MONDE !
TOUT ÇA POUR SE FAIRE REFOULER EN BONNE ET DUE FORME PARCE QU'IL APPORTE DES MARCHANDISES POURRIES À SON HÔTE !
Lisbon
Mer Méditerranée
Asie
Inde
Afrique
Calicut
Elmina
Mombassa
Walvis bay
Mossel bay
N
O.
E.
S.
VASCO N'A PAS LE CHOIX, IL EST OBLIGÉ DE RETOURNER AU PAYS POUR ÉVITER DE SE FAIRE LYNCHER.
À CE MOMENT, ON POURRAIT LÉGITIMEMENT PENSER QUE CE VOYAGE EST UN ÉCHEC.
SAUF QU'IL Y A UNE FAÇON DE PRÉSENTER SON ÉCHEC.
ET VASCO EST TRÈS FORT EN BLABLA ! LORS DE SON RETOUR, IL EST ACCUEILLI EN VÉRITABLE HÉROS AU PORTUGAL.
BAH OUI, C'EST LUI QUI A OUVERT POUR LA PREMIÈRE FOIS UNE ROUTE COMMERCIALE VERS LES INDES, APRÈS TOUT... C'EST PAS COMME SI LES VÉNITIENS, ENTRE AUTRES, COMMERÇAIENT AVEC L'INDE DEPUIS DES LUSTRES ET QUE CERTAINS EXPLORATEURS L'AVAIENT DÉJÀ DEVANCÉ PAR VOIE TERRESTRE...
TOUT EST DANS LA PRÉSENTATION !
BON, NE SOYONS PAS MAUVAIS JOUEUR, C'EST TOUT DE MÊME UN BEL EXPLOIT QUE CELUI DE VASCO DE GAMA, ET SI ON PEUT ÊTRE TENTÉ DE NE PAS ÊTRE TRÈS GENTIL AVEC LE NAVIGATEUR, C'EST QU'IL CACHE UNE FACE BEAUCOUP PLUS SOMBRE DE SA PERSONNALITÉ, N'HÉSITANT PAS À EMPLOYER LA VIOLENCE POUR ARRIVER À SES FINS.

EN 1502, APRÈS AVOIR ÉTÉ NOMMÉ AMIRAL DES INDES, IL REPART EN DIRECTION DE LA VILLE DE CALICUT, OÙ IL AVAIT ÉTÉ SI MAL REÇU, CETTE FOIS AVEC DE L'OR ET DE L'ARGENT EN GUISE DE MARCHANDISES.
VOILÀ QUI DEVRAIT LES CONVAINCRE...
GAMA
AINSI QU'UNE VINGTAINE DE NAVIRES ARMÉS JUSQU'AUX DENTS.
À MOINS QUE CE NE SOIT ÇA ?
ET L'AMIRAL COMPTE BIEN SE VENGER DU TRAITEMENT QUI LUI A ÉTÉ INFLIGÉ, D'AUTANT PLUS QUE LE SOUVERAIN LOCAL A MASSACRÉ L'ÉQUIPAGE D'UN DE SES COPAINS APRÈS SA RETRAITE TACTIQUE...
ARRIVANT TOUT PRÈS DES CÔTES, IL CROISE UN ÉNORME NAVIRE, LE *MIRI*, QUI PORTE LE PAVILLON ÉGYPTIEN.
IL SE MET ALORS EN CHASSE ET LE *MIRI*, QUI TRANSPORTE 400 PÈLERINS REVENUS DE LA MECQUE, DONC TRÈS PEU DE SOLDATS, DÉCIDE DE SE RENDRE. ET, COMME LE VEUT L'USAGE, PROPOSE UNE RANÇON À VASCO DE GAMA.
CELUI-CI REFUSE, AU GRAND ÉTONNEMENT DE SES LIEUTENANTS, ET ANNONCE QU'IL BRÛLERA TOUT SIMPLEMENT LE BATEAU.
PSSSHHHH!!!!!!
MALGRÉ LES POURPARLERS ET LES SUPPLICATIONS DU MARCHAND ÉGYPTIEN POUR SAUVER SA VIE ET CELLE DES PASSAGERS, LE CRUEL VASCO RESTE IMPERTURBABLE, PRÉTEXTANT QU'IL EST BIEN TROP HEUREUX DE POUVOIR TUER QUELQUES CENTAINES DE CEUX QUI LUI ONT TENU TÊTE LA PREMIÈRE FOIS.

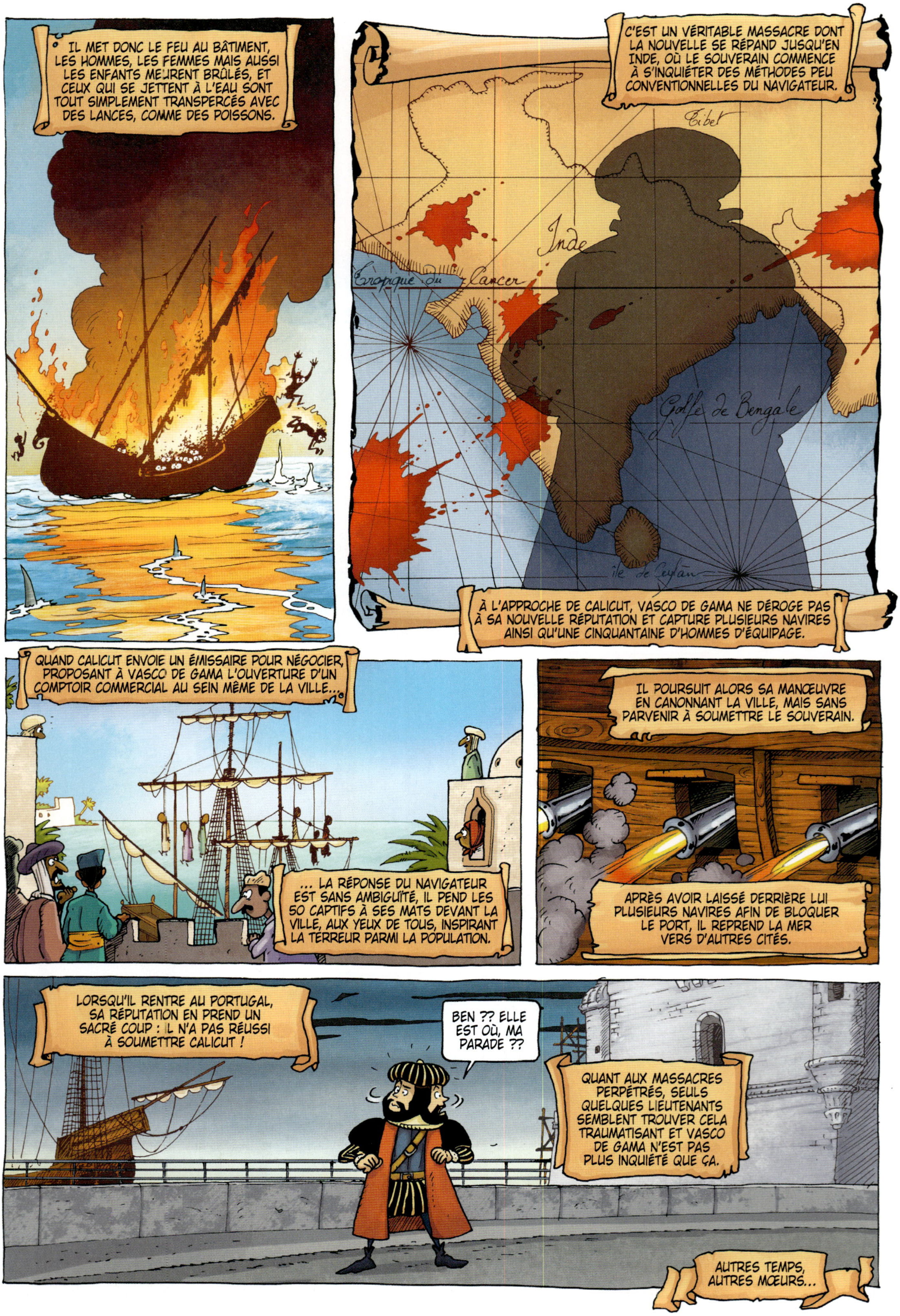
IL MET DONC LE FEU AU BÂTIMENT, LES HOMMES, LES FEMMES MAIS AUSSI LES ENFANTS MEURENT BRÛLÉS, ET CEUX QUI SE JETTENT À L'EAU SONT TOUT SIMPLEMENT TRANSPERCÉS AVEC DES LANCES, COMME DES POISSONS.
C'EST UN VÉRITABLE MASSACRE DONT LA NOUVELLE SE RÉPAND JUSQU'EN INDE, OÙ LE SOUVERAIN COMMENCE À S'INQUIÉTER DES MÉTHODES PEU CONVENTIONNELLES DU NAVIGATEUR.
Tibet
Inde
Tropique du Cancer
Golfe de Bengale
île de Ceylan
À L'APPROCHE DE CALICUT, VASCO DE GAMA NE DÉROGE PAS À SA NOUVELLE RÉPUTATION ET CAPTURE PLUSIEURS NAVIRES AINSI QU'UNE CINQUANTAINE D'HOMMES D'ÉQUIPAGE.
QUAND CALICUT ENVOIE UN ÉMISSAIRE POUR NÉGOCIER, PROPOSANT À VASCO DE GAMA L'OUVERTURE D'UN COMPTOIR COMMERCIAL AU SEIN MÊME DE LA VILLE...
... LA RÉPONSE DU NAVIGATEUR EST SANS AMBIGUÏTÉ, IL PEND LES 50 CAPTIFS À SES MATS DEVANT LA VILLE, AUX YEUX DE TOUS, INSPIRANT LA TERREUR PARMI LA POPULATION.
IL POURSUIT ALORS SA MANŒUVRE EN CANONNANT LA VILLE, MAIS SANS PARVENIR À SOUMETTRE LE SOUVERAIN.
APRÈS AVOIR LAISSÉ DERRIÈRE LUI PLUSIEURS NAVIRES AFIN DE BLOQUER LE PORT, IL REPREND LA MER VERS D'AUTRES CITÉS.
LORSQU'IL RENTRE AU PORTUGAL, SA RÉPUTATION EN PREND UN SACRÉ COUP : IL N'A PAS RÉUSSI À SOUMETTRE CALICUT !
BEN ?? ELLE EST OÙ, MA PARADE ??
QUANT AUX MASSACRES PERPÉTRÉS, SEULS QUELQUES LIEUTENANTS SEMBLENT TROUVER CELA TRAUMATISANT ET VASCO DE GAMA N'EST PAS PLUS INQUIÉTÉ QUE ÇA.
AUTRES TEMPS, AUTRES MŒURS...

BAYBARS
1223 - 1277
QUAND ON SE PLONGE DANS L'HISTOIRE DES CROISADES, ON CONSTATE BIEN VITE QUE SI LES CHEFS DE GUERRE OCCIDENTAUX SONT PLUTÔT CONNUS (COMME RICHARD CŒUR DE LION, SAINT LOUIS OU FRÉDÉRIC II), ÇA N'EST PAS VRAIMENT LE CAS DU CÔTÉ MUSULMAN... VOUS AVEZ SANS DOUTE DÉJÀ ENTENDU PARLER DU CÉLÈBRE SALADIN, MAIS IL Y A PEU DE CHANCES QUE LE NOM DE BAYBARS VOUS ÉVOQUE QUELQUE CHOSE. IL S'AGIT POURTANT D'UN DES PLUS GRANDS GUERRIERS DE SON TEMPS... CE QUI NE LUI A PAS ÉVITÉ UNE BOURDE FATALE !

LE DESTIN DU SULTAN BAYBARS EST DIGNE D'UN PERSONNAGE DE CONTE.
NÉ AUX ALENTOURS DE 1223, BAYBARS EST VENDU COMME ESCLAVE AU SULTAN AL-MALIK AL-SALIH.
PLUS PRÉCISÉMENT C'EST UN MAMELOUK, UN ESCLAVE AFFRANCHI AU SERVICE D'UN SULTAN OU D'UN HOMME DE POUVOIR.
À PARTIR DE 1239, IL COMMENCE DONC UNE CARRIÈRE MILITAIRE EN SE BATTANT POUR LE SULTAN D'ÉGYPTE DURANT LA SEPTIÈME CROISADE.
IL PREND LE COMMANDEMENT DE L'ARMÉE ÉGYPTIENNE LORS DU SIÈGE DE LA VILLE DE MANSOURAH OÙ IL AFFRONTE LES FRANÇAIS.
LES OCCIDENTAUX, REPOUSSÉS, SONT DE NOUVEAU ACCULÉS LORS DE LA BATAILLE DE FARISKUR, EN 1250, OÙ BAYBARS CAPTURE LOUIS IX, LE ROI DE FRANCE... RIEN QUE ÇA !
MAMAN !!

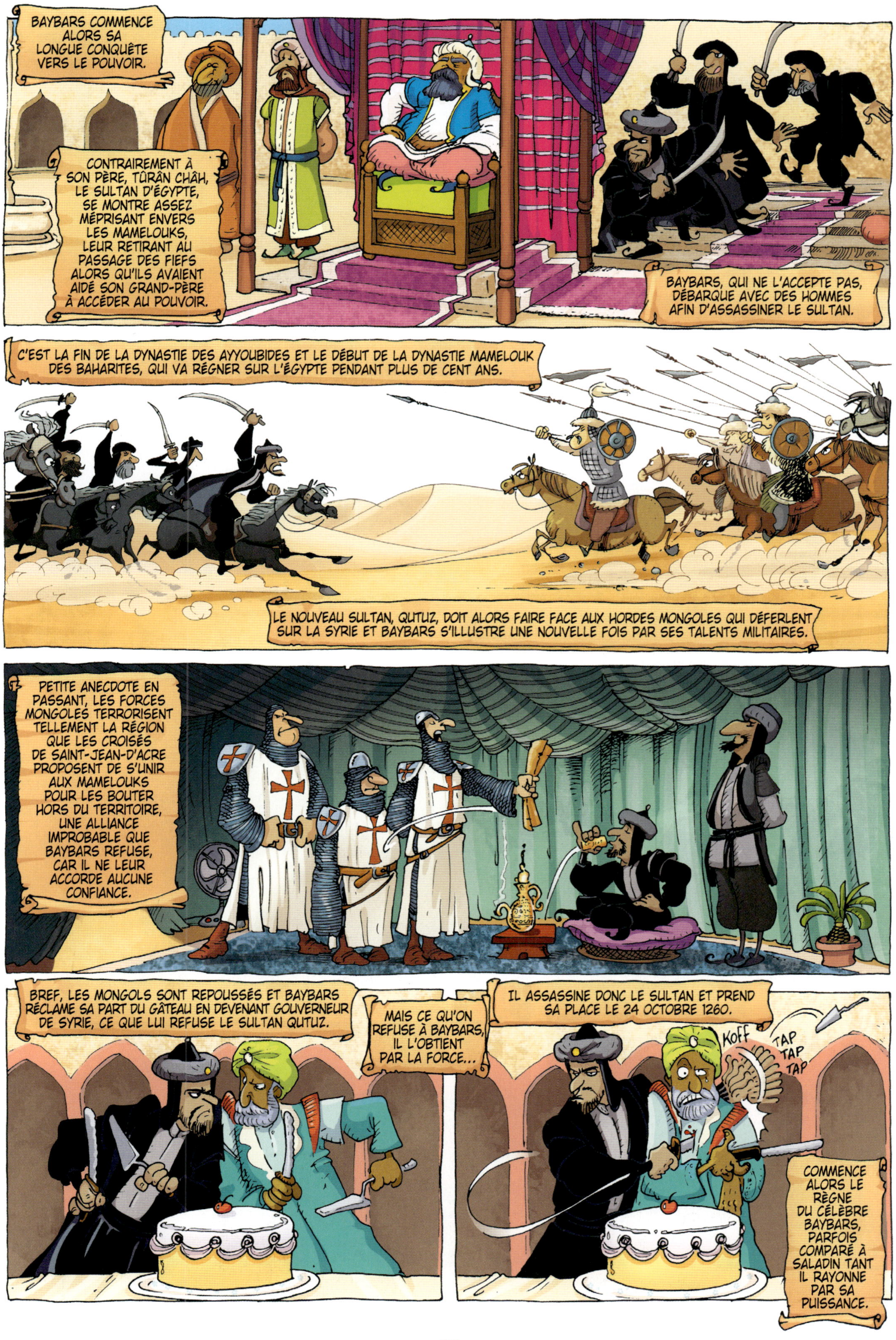
BAYBARS COMMENCE ALORS SA LONGUE CONQUÊTE VERS LE POUVOIR.
CONTRAIREMENT À SON PÈRE, TÛRÂN CHÂH, LE SULTAN D'ÉGYPTE, SE MONTRE ASSEZ MÉPRISANT ENVERS LES MAMELOUKS, LEUR RETIRANT AU PASSAGE DES FIEFS ALORS QU'ILS AVAIENT AIDÉ SON GRAND-PÈRE À ACCÉDER AU POUVOIR.
BAYBARS, QUI NE L'ACCEPTE PAS, DÉBARQUE AVEC DES HOMMES AFIN D'ASSASSINER LE SULTAN.
C'EST LA FIN DE LA DYNASTIE DES AYYOUBIDES ET LE DÉBUT DE LA DYNASTIE MAMELOUK DES BAHARITES, QUI VA RÉGNER SUR L'ÉGYPTE PENDANT PLUS DE CENT ANS.
LE NOUVEAU SULTAN, QUTUZ, DOIT ALORS FAIRE FACE AUX HORDES MONGOLES QUI DÉFERLENT SUR LA SYRIE ET BAYBARS S'ILLUSTRE UNE NOUVELLE FOIS PAR SES TALENTS MILITAIRES.
PETITE ANECDOTE EN PASSANT, LES FORCES MONGOLES TERRORISENT TELLEMENT LA RÉGION QUE LES CROISÉS DE SAINT-JEAN-D'ACRE PROPOSENT DE S'UNIR AUX MAMELOUKS POUR LES BOUTER HORS DU TERRITOIRE, UNE ALLIANCE IMPROBABLE QUE BAYBARS REFUSE, CAR IL NE LEUR ACCORDE AUCUNE CONFIANCE.
BREF, LES MONGOLS SONT REPOUSSÉS ET BAYBARS RÉCLAME SA PART DU GÂTEAU EN DEVENANT GOUVERNEUR DE SYRIE, CE QUE LUI REFUSE LE SULTAN QUTUZ.
MAIS CE QU'ON REFUSE À BAYBARS, IL L'OBTIENT PAR LA FORCE...
IL ASSASSINE DONC LE SULTAN ET PREND SA PLACE LE 24 OCTOBRE 1260.
KOFF
TAP TAP TAP
COMMENCE ALORS LE RÈGNE DU CÉLÈBRE BAYBARS, PARFOIS COMPARÉ À SALADIN TANT IL RAYONNE PAR SA PUISSANCE.

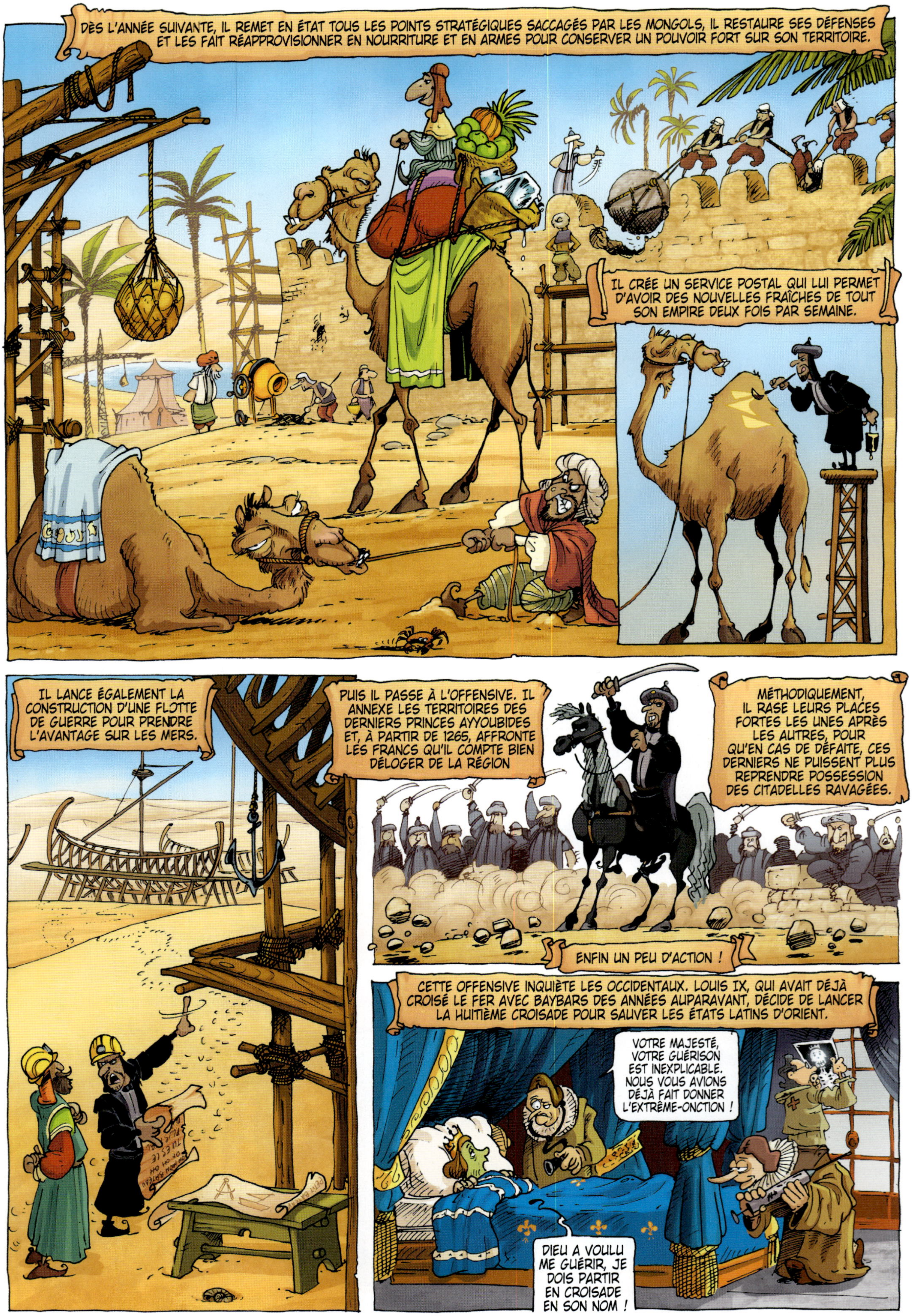
DÈS L'ANNÉE SUIVANTE, IL REMET EN ÉTAT TOUS LES POINTS STRATÉGIQUES SACCAGÉS PAR LES MONGOLS, IL RESTAURE SES DÉFENSES ET LES FAIT RÉAPPROVISIONNER EN NOURRITURE ET EN ARMES POUR CONSERVER UN POUVOIR FORT SUR SON TERRITOIRE.
IL CRÉE UN SERVICE POSTAL QUI LUI PERMET D'AVOIR DES NOUVELLES FRAÎCHES DE TOUT SON EMPIRE DEUX FOIS PAR SEMAINE.
IL LANCE ÉGALEMENT LA CONSTRUCTION D'UNE FLOTTE DE GUERRE POUR PRENDRE L'AVANTAGE SUR LES MERS.
PUIS IL PASSE À L'OFFENSIVE. IL ANNEXE LES TERRITOIRES DES DERNIERS PRINCES AYYOUBIDES ET, À PARTIR DE 1265, AFFRONTE LES FRANCS QU'IL COMPTE BIEN DÉLOGER DE LA RÉGION
MÉTHODIQUEMENT, IL RASE LEURS PLACES FORTES LES UNES APRÈS LES AUTRES, POUR QU'EN CAS DE DÉFAITE, CES DERNIERS NE PUISSENT PLUS REPRENDRE POSSESSION DES CITADELLES RAVAGÉES.
ENFIN UN PEU D'ACTION !
CETTE OFFENSIVE INQUIÈTE LES OCCIDENTAUX. LOUIS IX, QUI AVAIT DÉJÀ CROISÉ LE FER AVEC BAYBARS DES ANNÉES AUPARAVANT, DÉCIDE DE LANCER LA HUITIÈME CROISADE POUR SAUVER LES ÉTATS LATINS D'ORIENT.
VOTRE MAJESTÉ, VOTRE GUÉRISON EST INEXPLICABLE. NOUS VOUS AVIONS DÉJÀ FAIT DONNER L'EXTRÊME-ONCTION !
DIEU A VOULU ME GUÉRIR, JE DOIS PARTIR EN CROISADE EN SON NOM !

PENDANT TROIS ANS, IL PRÉPARE SON OFFENSIVE CONTRE LES MUSULMANS, MAIS QUAND IL DÉBARQUE AVEC SES TROUPES EN 1270, C'EST UN FIASCO COMPLET.
IL DÉCIDE D'ASSIÉGER LA VILLE DE TUNIS, QUI AVAIT DÉJÀ SUBI DES DOMMAGES LORS DE LA SEPTIÈME CROISADE...
... MAIS LOUIS IX N'A PAS ASSEZ DE TROUPES POUR LANCER SON ATTAQUE.
IL DOIT DONC ATTENDRE SON FRÈRE, CHARLES D'ANJOU, DANS UNE ATMOSPHÈRE ÉTOUFFANTE, SANS EAU POTABLE, TOUT EN ÉTANT HARCELÉ PAR LES TROUPES MUSULMANES.
RAAAAH, TOUJOURS EN RETARD, CE CHARLES !
LA PRISE DE CARTHAGE, NON LOIN DE LÀ, PERMET AU ROI DE S'APPROVISIONNER EN EAU. MAIS CELLE-CI N'EST PAS TOUJOURS DE BONNE QUALITÉ, ET L'ARMÉE CROISÉE SUCCOMBE MASSIVEMENT À UNE ÉPIDÉMIE DE DYSENTERIE...
... QUI FINIT PAR EMPORTER LOUIS IX LUI-MÊME. UN ROI QUI MEURT DE LA DIARRHÉE, C'EST QUAND MÊME PAS GLAMOUR...
ON ATTEND ENCORE POUR L'EXTRÊME-ONCTION, CETTE FOIS, OU BIEN ON Y VA ?
ARGLL
LE SIÈGE EST LEVÉ. CETTE HUITIÈME CROISADE EST UNE DÉFAITE CUISANTE POUR LES OCCIDENTAUX.

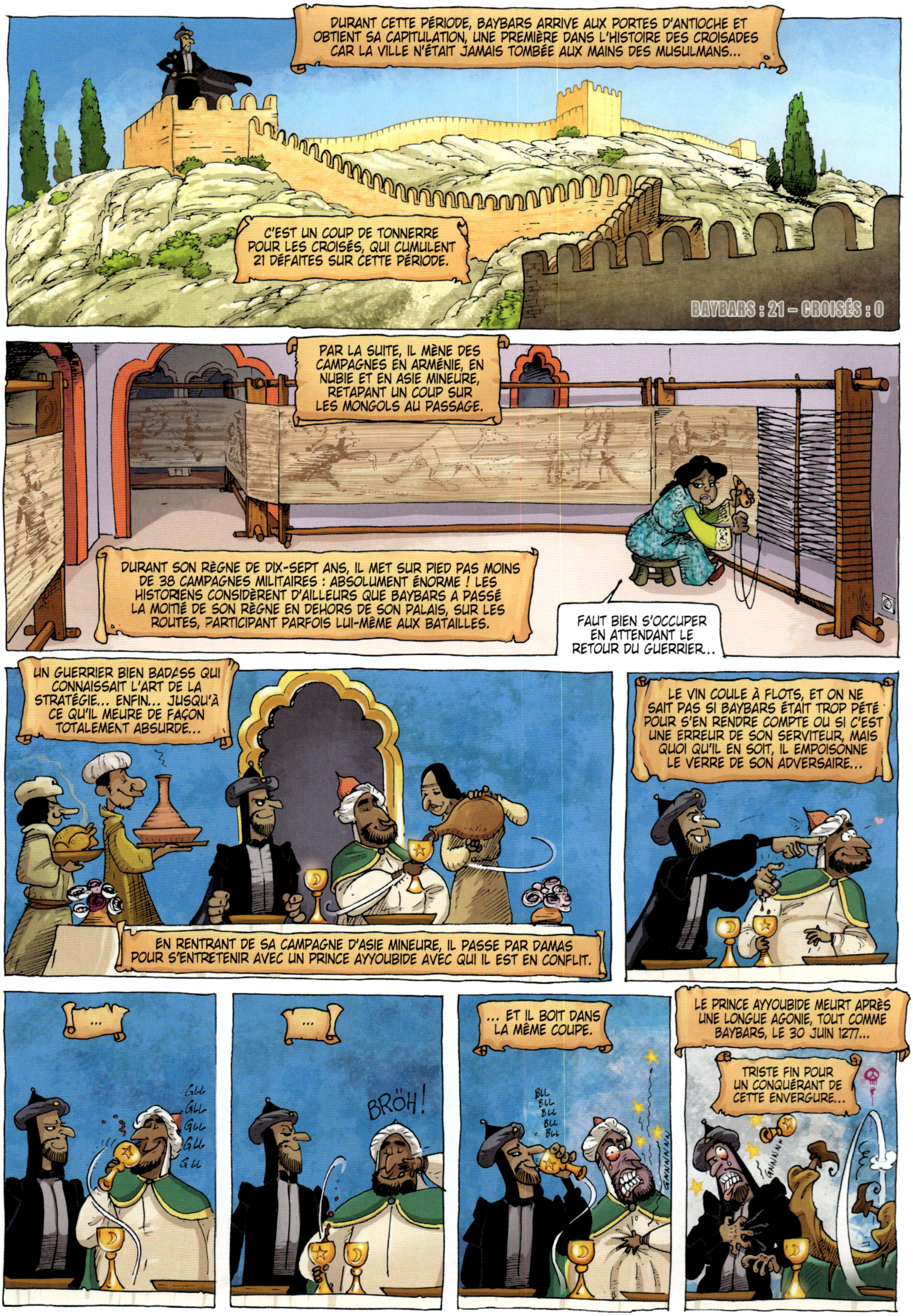
DURANT CETTE PÉRIODE, BAYBARS ARRIVE AUX PORTES D'ANTIOCHE ET OBTIENT SA CAPITULATION, UNE PREMIÈRE DANS L'HISTOIRE DES CROISADES CAR LA VILLE N'ÉTAIT JAMAIS TOMBÉE AUX MAINS DES MUSULMANS...
C'EST UN COUP DE TONNERRE POUR LES CROISÉS, QUI CUMULENT 21 DÉFAITES SUR CETTE PÉRIODE.
BAYBARS : 21 – CROISÉS : 0
PAR LA SUITE, IL MÈNE DES CAMPAGNES EN ARMÉNIE, EN NUBIE ET EN ASIE MINEURE, RETAPANT UN COUP SUR LES MONGOLS AU PASSAGE.
DURANT SON RÈGNE DE DIX-SEPT ANS, IL MET SUR PIED PAS MOINS DE 38 CAMPAGNES MILITAIRES : ABSOLUMENT ÉNORME ! LES HISTORIENS CONSIDÈRENT D'AILLEURS QUE BAYBARS A PASSÉ LA MOITIÉ DE SON RÈGNE EN DEHORS DE SON PALAIS, SUR LES ROUTES, PARTICIPANT PARFOIS LUI-MÊME AUX BATAILLES.
FAUT BIEN S'OCCUPER EN ATTENDANT LE RETOUR DU GUERRIER...
UN GUERRIER BIEN BADASS QUI CONNAISSAIT L'ART DE LA STRATÉGIE... ENFIN... JUSQU'À CE QU'IL MEURE DE FAÇON TOTALEMENT ABSURDE...
EN RENTRANT DE SA CAMPAGNE D'ASIE MINEURE, IL PASSE PAR DAMAS POUR S'ENTRETENIR AVEC UN PRINCE AYYOUBIDE AVEC QUI IL EST EN CONFLIT.
LE VIN COULE À FLOTS, ET ON NE SAIT PAS SI BAYBARS ÉTAIT TROP PÉTÉ POUR S'EN RENDRE COMPTE OU SI C'EST UNE ERREUR DE SON SERVITEUR, MAIS QUOI QU'IL EN SOIT, IL EMPOISONNE LE VERRE DE SON ADVERSAIRE...
...
GLL GLL GLL GLL GLL
...
BRÖH !
... ET IL BOIT DANS LA MÊME COUPE.
BLL BLL BLL BLL BLL
GNNNNNN
LE PRINCE AYYOUBIDE MEURT APRÈS UNE LONGUE AGONIE, TOUT COMME BAYBARS, LE 30 JUIN 1277...
TRISTE FIN POUR UN CONQUÉRANT DE CETTE ENVERGURE...
GNNNNN

CARACALLA
188 - 217
DEVENIR EMPEREUR, C'EST ÊTRE ASSURÉ DE LAISSER SA MARQUE DANS L'HISTOIRE ! EN MÊME TEMPS, ÊTRE EMPEREUR ROMAIN N'EST PEUT-ÊTRE PAS LE STATUT LE PLUS ENVIABLE SI ON TIENT À LA VIE... PRENEZ PAR EXEMPLE LE CAS DU BRUTAL CARACALLA : PAS DE QUARTIER POUR SES OPPOSANTS, UNE TACTIQUE HABILE POUR SE METTRE LES MILITAIRES DANS LA POCHE ET POURTANT... UNE FIN DIGNE D'UNE BONNE VIEILLE COMÉDIE À LA FRANÇAISE !

À LA FIN DU IIe SIÈCLE APRÈS JÉSUS-CHRIST, AU SEIN DE L'EMPIRE ROMAIN, ON NE PEUT PAS DIRE QUE CE SOIT FRANCHEMENT LA JOIE...
L'EMPEREUR COMMODE, QUI NE L'ÉTAIT PAS TANT QUE ÇA, EST ASSASSINÉ À LA FIN DE L'AN 192.
DÉSOLÉ, C'EST PLUS FACILE DE TE TUER ICI QUE DANS L'ARÈNE DU COLISÉE...
LE SÉNAT DONNE ALORS LE POUVOIR AU PRÉFET DE ROME, PERTINAX.
GRAVE ERREUR, CAR LA "TRADITION" VEUT QUE LE NOUVEL EMPEREUR, AVANT D'ÊTRE APPROUVÉ PAR LE SÉNAT, LE SOIT D'ABORD PAR LES PRÉTORIENS, LES GARDES D'ÉLITE DE L'EMPIRE ET LES MAGISTRATS.
ET ILS NE RIGOLENT PAS, LES PRÉTORIENS : CE SONT DES MILITAIRES QUI REPRÉSENTENT UNE FORCE NON NÉGLIGEABLE... SI ON NE LES CONSIDÈRE PAS À LEUR JUSTE VALEUR OU SI ON NE LEUR VERSE PAS DES PETITS POTS-DE-VIN, EH BIEN, ÇA FINIT EN EAU DE BOUDIN !
L'EMPEREUR PERTINAX EN FAIT LES FRAIS : APRÈS AVOIR TENTÉ D'ÉLOIGNER LES PRÉTORIENS DU POUVOIR, IL EST ZIGOUILLÉ TROIS MOIS À PEINE APRÈS SA PRISE DE FONCTION...

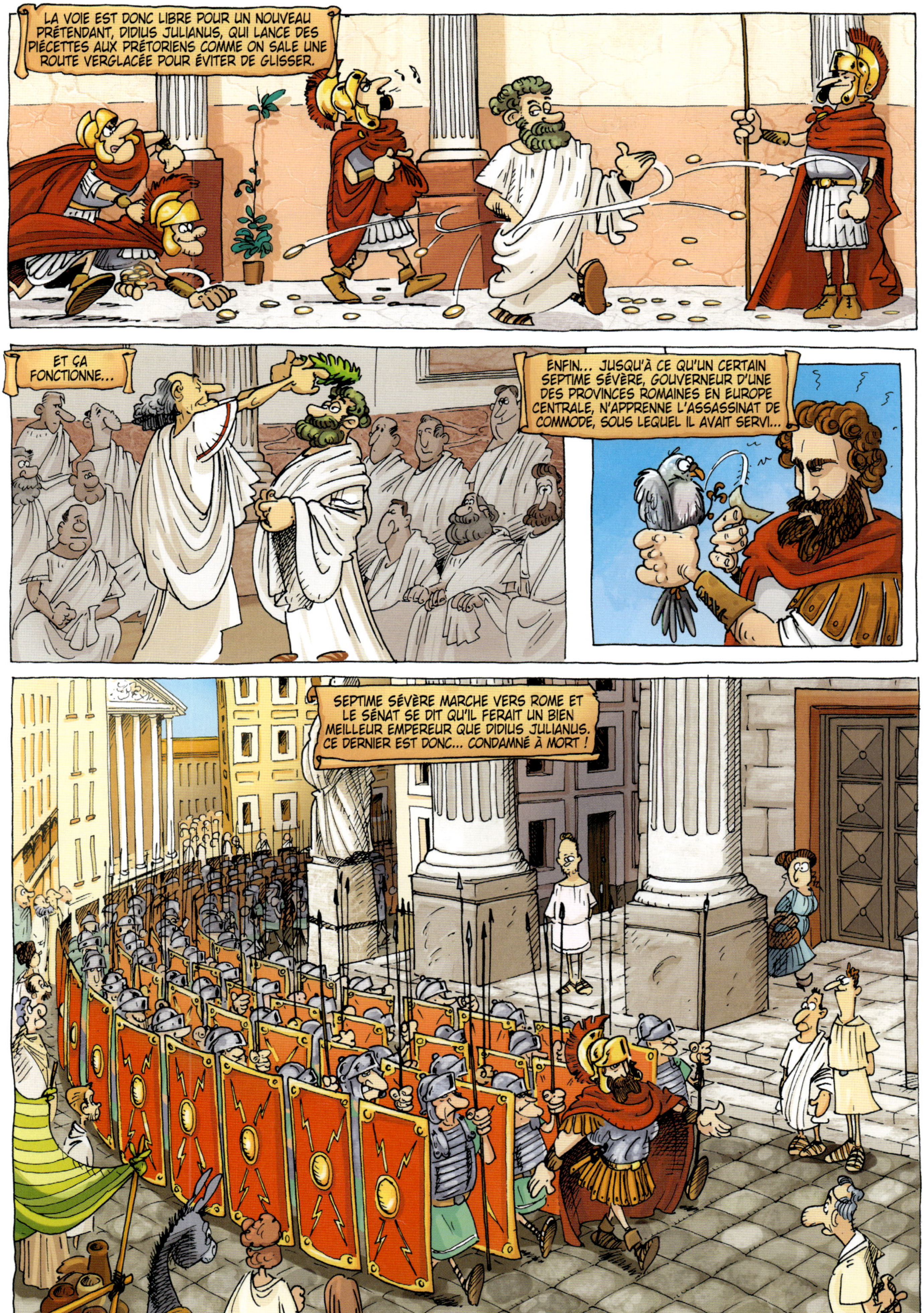
LA VOIE EST DONC LIBRE POUR UN NOUVEAU PRÉTENDANT, DIDIUS JULIANUS, QUI LANCE DES PIÉCETTES AUX PRÉTORIENS COMME ON SALE UNE ROUTE VERGLACÉE POUR ÉVITER DE GLISSER.
ET ÇA FONCTIONNE...
ENFIN... JUSQU'À CE QU'UN CERTAIN SEPTIME SÉVÈRE, GOUVERNEUR D'UNE DES PROVINCES ROMAINES EN EUROPE CENTRALE, N'APPRENNE L'ASSASSINAT DE COMMODE, SOUS LEQUEL IL AVAIT SERVI...
SEPTIME SÉVÈRE MARCHE VERS ROME ET LE SÉNAT SE DIT QU'IL FERAIT UN BIEN MEILLEUR EMPEREUR QUE DIDIUS JULIANUS. CE DERNIER EST DONC... CONDAMNÉ À MORT !

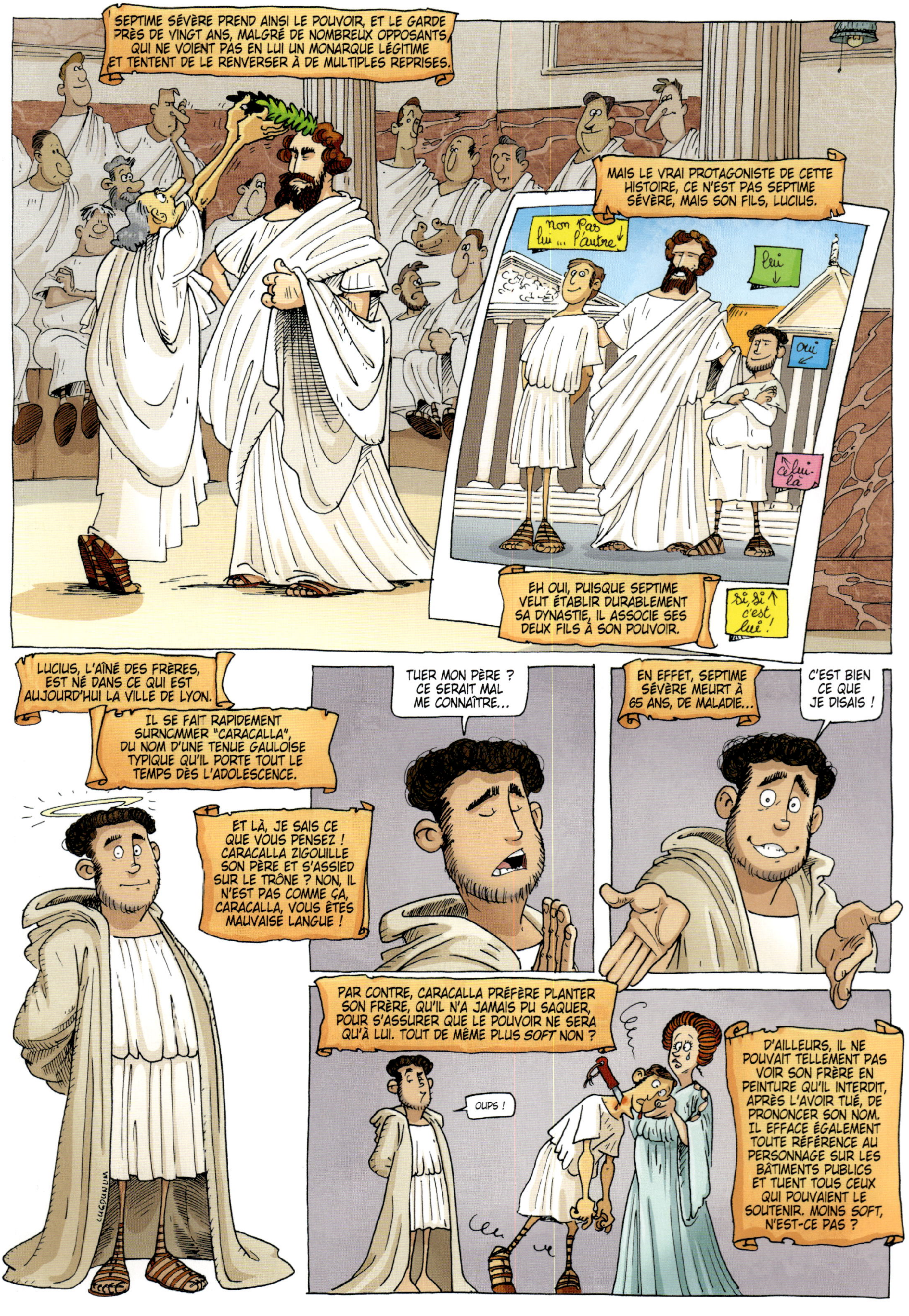
SEPTIME SÉVÈRE PREND AINSI LE POUVOIR, ET LE GARDE PRÈS DE VINGT ANS, MALGRÉ DE NOMBREUX OPPOSANTS QUI NE VOIENT PAS EN LUI UN MONARQUE LÉGITIME ET TENTENT DE LE RENVERSER À DE MULTIPLES REPRISES.
MAIS LE VRAI PROTAGONISTE DE CETTE HISTOIRE, CE N'EST PAS SEPTIME SÉVÈRE, MAIS SON FILS, LUCIUS.
non pas lui ... l'autre
lui
oui
celui-là
EH OUI, PUISQUE SEPTIME VEUT ÉTABLIR DURABLEMENT SA DYNASTIE, IL ASSOCIE SES DEUX FILS À SON POUVOIR.
si, si c'est lui !
LUCIUS, L'AÎNÉ DES FRÈRES, EST NÉ DANS CE QUI EST AUJOURD'HUI LA VILLE DE LYON.
IL SE FAIT RAPIDEMENT SURNOMMER "CARACALLA", DU NOM D'UNE TENUE GAULOISE TYPIQUE QU'IL PORTE TOUT LE TEMPS DÈS L'ADOLESCENCE.
LUGDUNUM
ET LÀ, JE SAIS CE QUE VOUS PENSEZ ! CARACALLA ZIGOUILLE SON PÈRE ET S'ASSIED SUR LE TRÔNE ? NON, IL N'EST PAS COMME ÇA, CARACALLA, VOUS ÊTES MAUVAISE LANGUE !
TUER MON PÈRE ? CE SERAIT MAL ME CONNAÎTRE...
EN EFFET, SEPTIME SÉVÈRE MEURT À 65 ANS, DE MALADIE...
C'EST BIEN CE QUE JE DISAIS !
PAR CONTRE, CARACALLA PRÉFÈRE PLANTER SON FRÈRE, QU'IL N'A JAMAIS PU SAQUER, POUR S'ASSURER QUE LE POUVOIR NE SERA QU'À LUI. TOUT DE MÊME PLUS SOFT NON ?
OUPS !
D'AILLEURS, IL NE POUVAIT TELLEMENT PAS VOIR SON FRÈRE EN PEINTURE QU'IL INTERDIT, APRÈS L'AVOIR TUÉ, DE PRONONCER SON NOM. IL EFFACE ÉGALEMENT TOUTE RÉFÉRENCE AU PERSONNAGE SUR LES BÂTIMENTS PUBLICS ET TUENT TOUS CEUX QUI POUVAIENT LE SOUTENIR. MOINS SOFT, N'EST-CE PAS ?

MAIS CELUI QUI EST DÉSORMAIS L'EMPEREUR CARACALLA N'EST PAS TRÈS FIN COMME TYPE, IL FAUT BIEN LE RECONNAÎTRE.
IL ADMIRE ALEXANDRE LE GRAND ET AIMERAIT SANS DOUTE FAIRE D'AUSSI GRANDES CHOSES QUE LUI. CELA EXPLIQUE SANS DOUTE POURQUOI IL PASSE BEAUCOUP, BEAUCOUP DE TEMPS À FAIRE LA GUERRE...
... ET À MASSACRER LES POPULATIONS CIVILES QUI ONT EU LE CULOT DE SE MOQUER DE LUI PARCE QU'IL N'ÉTAIT PAS TRÈS GRAND, JUSTEMENT.
ON PARLE AINSI DE PLUSIEURS MILLIERS DE MORTS À ALEXANDRIE ET DANS SA BANLIEUE.
AU-DELÀ DE LA GUERRE, CARACALLA EST SURTOUT CONNU POUR AVOIR OCTROYÉ LA CITOYENNETÉ ROMAINE À TOUS LES HOMMES LIBRES DE L'EMPIRE ROMAIN.
MAXIMUS QUINTUS
COLISÉE STREET
75310 ROMA
SI CERTAINS AIMERAIENT Y VOIR UN SURSAUT DE MORALE VISANT À RÉTABLIR L'ÉGALITÉ ENTRE TOUS, LA THÈSE LA PLUS PLAUSIBLE RESTE QUE LES CITOYENS ROMAINS ÉTANT PLUS TAXÉS QUE LES AUTRES, CARACALLA VOULAIT SURTOUT FAIRE RENTRER DU CASH DANS LES CAISSES DE L'ÉTAT !
EMPIRE
IMPOT REVENU

EN TOUT CAS, APRÈS SIX ANS DE RÈGNE ENVIRON, IL NE PARVIENT PAS À SUSCITER L'ADHÉSION DU PEUPLE ET DU SÉNAT.
SEULS LES MILITAIRES LUI RESTENT FIDÈLES... ENFIN... JUSQU'À CE QUE MACRIN, LE COMMANDANT DE LA GARDE PRÉTORIENNE DE ROME, ORDONNE À UN DE SES OFFICIERS, IULIUS MARTIALIS, DE LUI RÉGLER SON COMPTE.
EN 217, EN CHEMIN VERS SA PROCHAINE BATAILLE, CARACALLA EST PRIS D'UN VIOLENT MAL DE VENTRE ET S'ÉCARTE DE SES TROUPES POUR SE SOULAGER DANS UN FOSSÉ.
LE TYPE N'EST ACCOMPAGNÉ QUE D'UN SERVITEUR POUR SA GROSSE COMMISSION : IL N'EN FAUT PAS PLUS À L'OFFICIER MARTIALIS POUR SE JETER SUR LUI ET LE TRANSPERCER DE SON GLAIVE AU NIVEAU DE LA CLAVICULE. UNE MORT... DE MERDE !
MACRIN, QUI AVAIT COMMANDITÉ L'ASSASSINAT, NE L'EMPORTE PAS AU PARADIS : APRÈS AVOIR RÉGNÉ QUINZE MOIS SEULEMENT SUR L'EMPIRE, IL EST EXÉCUTÉ À SON TOUR... LE GRAND CYCLE DE LA VIE !
DURANT TOUT L'EMPIRE ROMAIN, 105 EMPEREURS PRENNENT LE POUVOIR OFFICIELLEMENT, TANDIS QUE 55 USURPATEURS USENT DES COUDES POUR LES CONTESTER ET DEVENIR "EMPEREUR À LA PLACE DE L'EMPEREUR".
SUR LES 105 EMPEREURS, 31 MEURENT DE MORT NATURELLE, 58 DÉCÈDENT DE MORT VIOLENTE, 6 SE SUICIDENT. POUR 9 D'ENTRE EUX, LES CAUSES DE LA MORT NE SONT PAS CLAIREMENT ÉTABLIES.
ÇA FAIT QUAND MÊME UNE BONNE CHANCE DE SE FAIRE PLANTER UN COUTEAU DANS LE DOS, VOUS NE TROUVEZ PAS ?

RICHARD Ier DE NORMANDIE
930 À 996
POUR LA PLUPART DES ADOLESCENTS DU XXIe SIÈCLE, LA VIE EST DOUCE ,RYTHMÉE PAR LES ÉTUDES, LES SORTIES, LES AMIS... AU MOYEN ÂGE, ÇA POUVAIT ÊTRE UN POIL PLUS COMPLIQUÉ... RICHARD Ier DE NORMANDIE, PETIT-FILS DU CÉLÈBRE VIKING ROLLON, EN FAIT ICI L'EXPÉRIENCE. LUI QUI RÉGNERA D'UNE MAIN DE FER SUR SON DUCHÉ DURANT PRÈS DE CINQUANTE ANS, A AUSSI SU JOUER LA COMÉDIE POUR SE SORTIR DE SITUATIONS PÉRILLEUSES...

AH ! LA BELLE DIPLOMATIE DU MOYEN ÂGE. CHALEUREUSE, FRANCHE DU COLLIER !
EN 942, LE DUC DE NORMANDIE, GUILLAUME DE LONGUE-ÉPÉE, EST ASSASSINÉ PAR SON RIVAL, LE COMTE DE FLANDRE, ALORS QU'ILS VENAIENT TOUT JUSTE DE SIGNER UN TRAITÉ DE PAIX.
SON FILS, QUI DEVIENDRA RICHARD Ier DE NORMANDIE, N'EST ALORS ÂGÉ QUE DE 10 ANS.

MAIS RICHARD EST TROP JEUNE POUR RÉGNER SUR LE DUCHÉ. UN CONSEIL CONSTITUÉ DE QUATRE RÉGENTS EST ALORS NOMMÉ.
Bienvenue en Normandie
C'EST BIEN SÛR SANS COMPTER SUR LOUIS IV D'OUTREMER, ROI DES FRANCS, QUI AVAIT SA PETITE IDÉE DERRIÈRE LA TÊTE !
IL PRÉTEXTE VOULOIR PROTÉGER LE JEUNE DUC OU FAIRE SON ÉDUCATION, CELA DÉPEND DES SOURCES.
C'EST LE SOUCI QUAND ON MENT À PLEIN DE GENS, ON NE SAIT PLUS À QUI ON A DIT TEL MENSONGE.
MAIS QUELLE QU'EN SOIT LA RAISON, IL FAIT TRANSPORTER LE JEUNE HOMME À SA PROPRE COUR ET MET EN PLACE SES HOMMES SUR TOUT LE DUCHÉ AFIN D'EN ASSURER LE CONTRÔLE.

RICHARD, QUI A TOUJOURS À SON SERVICE UN DE SES RÉGENTS, OSMOND DE CONTEVILLE, N'EST DONC PAS DANS UNE PRISON À PROPREMENT PARLER, MAIS DANS DES APPARTEMENTS PAS SI INSALUBRES QUE ÇA.
PISCINE INTÉRIEURE, ROOM SERVICE, SALLE DE PROJECTION... TOUT A ÉTÉ PENSÉ POUR LE PLUS GRAND CONFORT !
CELA N'EMPÊCHE QUE LE JEUNE HOMME EST LOIN D'ÊTRE LIBRE DE SES MOUVEMENTS.
DES CONSIGNES SONT MÊME TRANSMISES À OSMOND QUI NE DOIT SOUS AUCUN PRÉTEXTE LE LAISSER SORTIR DE SA CHAMBRE, SOUS PEINE DE VOIR RICHARD SE FAIRE MUTILER AUX JAMBES.
BLAM!
EN 945, CRAIGNANT QUE LE JEUNE DUC NE RESTE PRISONNIER DE LOUIS IV D'OUTREMER, LE RÉGENT ORGANISE SON ÉVASION AVEC YVES DE CREIL, GRAND MAÎTRE DES ARBALÉTRIERS DU ROI.
RICHARD IER, QUE L'ON SURNOMMERA PLUS TARD "LE SANS-PEUR", FEINT ALORS D'ÊTRE MALADE.

PENDANT DES JOURS, IL RESTE AU LIT, REFUSANT TOUTE NOURRITURE ET GÉMISSANT DE DOULEUR.
CE RÉGIME DRACONIEN A POUR CONSÉQUENCE DE VRAIMENT AFFAIBLIR L'ADOLESCENT, ET LES MÉDECINS FINISSENT PAR DÉCLARER QU'IL EST ATTEINT D'UN MAL INCONNU, MAIS NÉANMOINS TRÈS GRAVE.
PENDANT CE TEMPS-LÀ, SON COMPLICE OSMOND JOUE ÉGALEMENT LA COMÉDIE ET PARAÎT TOTALEMENT ABATTU DE L'ÉTAT DE RICHARD, SE LAMENTANT OUVERTEMENT AUPRÈS DES GENS DE LA VILLE.
LA RUSE EST UNE RÉUSSITE, LA SURVEILLANCE AUTOUR DU JEUNE DUC SE RELÂCHE ET LE PLAN D'ÉVASION PEUT ÊTRE MIS EN ŒUVRE.
RRRRRR ZZZZZZZ RRRRRRR ZZZZZZZ RRRRR
UN SOIR, ALORS QUE LE JEUNE HOMME SEMBLE PARTICULIÈREMENT MAL EN POINT, LES GARDES QUI SONT CHARGÉS DE SA SURVEILLANCE PENSENT SÛREMENT QUE SON ÉTAT NE LUI PERMET PAS DE SE DÉPLACER ET PRÉFÈRENT ALLER BOIRE UNE CHOPINE PLUTÔT QUE D'ASSURER LEUR PERMANENCE.
ET GLOU ET GLOU ET GLOU ET GLOU
HAHAHA
HIHIHI
HIPS
BOUTE BOUTE BOUTE VIDE
BOUTE COMPAGNON NOUS CE VERRE ET NOUS
SANTÉ !
LE REMPLIRONS
HAHAHAHA
À LA SANTÉ DU PETIT DUC !!
TAVERNE DU BON SOLDAT
OSMOND DE CONTEVILLE PROFITE DE L'OCCASION POUR SE DÉGUISER EN PALEFRENIER.

IL REJOINT RICHARD AVEC UNE BOTTE DE FOIN DANS LAQUELLE IL L'ENROULE.
TAVERNE du BON SOLDAT
LE PORTANT SUR SON ÉPAULE, IL PARCOURT ALORS LA VILLE SANS ÉVEILLER LES SOUPÇONS, CAR LES PALEFRENIERS TRAVAILLENT À DES HORAIRES TARDIFS.
IL DÉGOTE ENSUITE UN CHEVAL AUX ÉCURIES, QUI LUI PERMET DE REJOINDRE LEUR POINT DE RENDEZ-VOUS POUR EXTRAIRE LE DUC ET ILS TROUVENT REFUGE CHEZ LE COMTE BERNARD DE SENLIS.
ON SALUERA TOUT DE MÊME LE TALENT D'ACTEUR DU DUC ET DE SON RÉGENT, QUI A PERMIS D'ENDORMIR LA VIGILANCE DES RAVISSEURS. BRAVO !
JE VOUDRAIS REMERCIER TOUS CEUX QUI ONT VOTÉ POUR MOI, ET BIEN ÉVIDEMMENT TOUS CEUX QUI M'ONT AIDÉ DANS MA CARRIÈRE : MON AGENT, MES PARENTS, MON RÉGENT.

YAA ASANTEWAA
1840 - 1921
L'AFRIQUE EST UNE TERRE RICHE D'HISTOIRE AUJOURD'HUI ENCORE BIEN TROP SOUVENT OCCULTÉE PAR L'OCCIDENT ET LES RECHERCHES QUI SONT MENÉES SUR ELLE, LA PLUPART DU TEMPS, PAR DES HISTORIENS NON AFRICAINS. ET POUR CAUSE, LES ENJEUX POLITIQUES DE L'HISTOIRE Y SONT EXTRÊMEMENT FORTS ET LES FIGURES LOCALES DE LA RÉSISTANCE À LA COLONISATION BIEN TROP SOUVENT LA CIBLE DE RÉCUPÉRATIONS POLITIQUES ET NATIONALISTES. ALORS, QUAND L'UNE DE CES FIGURES EST UNE FEMME NÉE DANS UN DES PLUS GRANDS EMPIRES QUE LE CONTINENT AIT CONNUS, ON ÉCHAPPE DIFFICILEMENT À CETTE RÉUTILISATION POLITIQUE ! UNE CHANSON POPULAIRE DU GHANA LUI EST MÊME CONSACRÉE, ET CE N'EST PAS POUR NOUS DÉPLAIRE !
SEYCHELLES

AU XIIIE SIÈCLE, CE QUI ÉTAIT JADIS LE GLORIEUX EMPIRE DU GHANA S'EFFONDRE PROGRESSIVEMENT SOUS LE POIDS DES CONFLITS INTERNES, DE L'EXPANSION DES BERBÈRES ET DE CONDITIONS CLIMATIQUES PARTICULIÈREMENT DIFFICILES.
OCÉAN ATLANTIQUE
TAGHÁZA
SAHARA
AFRIQUE
TIMBUKTU
KOUMBI SALEH
GAO
SAVANE
L'EMPIRE SE MORCELLE EN UNE MULTITUDE DE PETITS ROYAUMES ET LES DIFFÉRENTES ETHNIES QUI FUIENT LA RÉGION SE REGROUPENT POUR EN FORMER DE NOUVEAUX.
C'EST LE CAS DES AKANS, ORIGINAIRES DE L'OUEST DE L'AFRIQUE, ET PLUS PARTICULIÈREMENT DES ASHANTIS, QUI SE RÉFUGIENT DANS LES FORÊTS DE CE QUI DEVIENDRA BEAUCOUP PLUS TARD UNE PARTIE DU GHANA ACTUEL.
PENDANT DES SIÈCLES, ILS COMMERCENT ENTRE EUX.
FRAIS, IL EST FRAIS, MON POISSON !
ILS DÉVELOPPENT L'ACTIVITÉ MINIÈRE DE LA RÉGION.
ET BIEN ÉVIDEMMENT, ILS SE FONT LA GUERRE DE TEMPS EN TEMPS.
EN 1670, LE CLAN OYOKO, DIRIGÉ PAR UN CERTAIN OSEI TUTU, PREND L'ASCENDANT SUR SES ADVERSAIRES. IL UNIFIE LES CLANS ET C'EST LE DÉBUT DE L'EMPIRE ASHANTI.

CET EMPIRE SE CENTRALISE AUTOUR DE LA FIGURE DE L'EMPEREUR ET SE DÉVELOPPE VITE ET BIEN, NOTAMMENT GRÂCE AU COMMERCE DE L'OR, MAIS AUSSI À PARTIR DU COMMERCE TRIANGULAIRE.
EH OUI, CAR SI LES EUROPÉENS CONSTRUISENT DES COMPTOIRS ET DES PORTS SUR LES CÔTES, ILS NOUENT DES RELATIONS AVEC LES ÉTATS AFRICAINS OU LES TRIBUS LOCALES POUR SE FOURNIR EN ESCLAVES.
CES ESCLAVES, CE SONT SOUVENT DES PRISONNIERS DE GUERRE, DES PEUPLES VAINCUS MILITAIREMENT, DES POPULATIONS ENLEVÉES, DES CONDAMNÉS, DES TYPES QUI N'ONT PAS DE CHANCE PARCE QUE LEURS FAMILLES LES ONT VENDUS POUR REMBOURSER LEURS DETTES...
BREF, L'EMPIRE ASHANTI SE PORTE TRÈS BIEN JUSQU'À CE QUE LES BRITANNIQUES VIENNENT Y METTRE LEUR NEZ...
AU XIXE SIÈCLE, L'EMPIRE BRITANNIQUE DÉVELOPPE SES COLONIES ET SES RELATIONS COMMERCIALES À TRAVERS LE MONDE.
LES FANTIS, ENNEMIS DES ASHANTIS, DEMANDENT ALORS L'AIDE DES OCCIDENTAUX POUR RENFORCER LEUR POSITION DANS LA RÉGION.
CE QUE LES BRITANNIQUES FONT AVEC PLAISIR, VOUS L'IMAGINEZ BIEN.
EN 1823, C'EST DONC LA PREMIÈRE GUERRE ANGLO-ASHANTI, UN CONFLIT QUI S'ÉTALE SUR TOUT LE RESTE DU SIÈCLE, REMETTANT EN CAUSE L'INDÉPENDANCE MÊME DE L'EMPIRE ASHANTI.

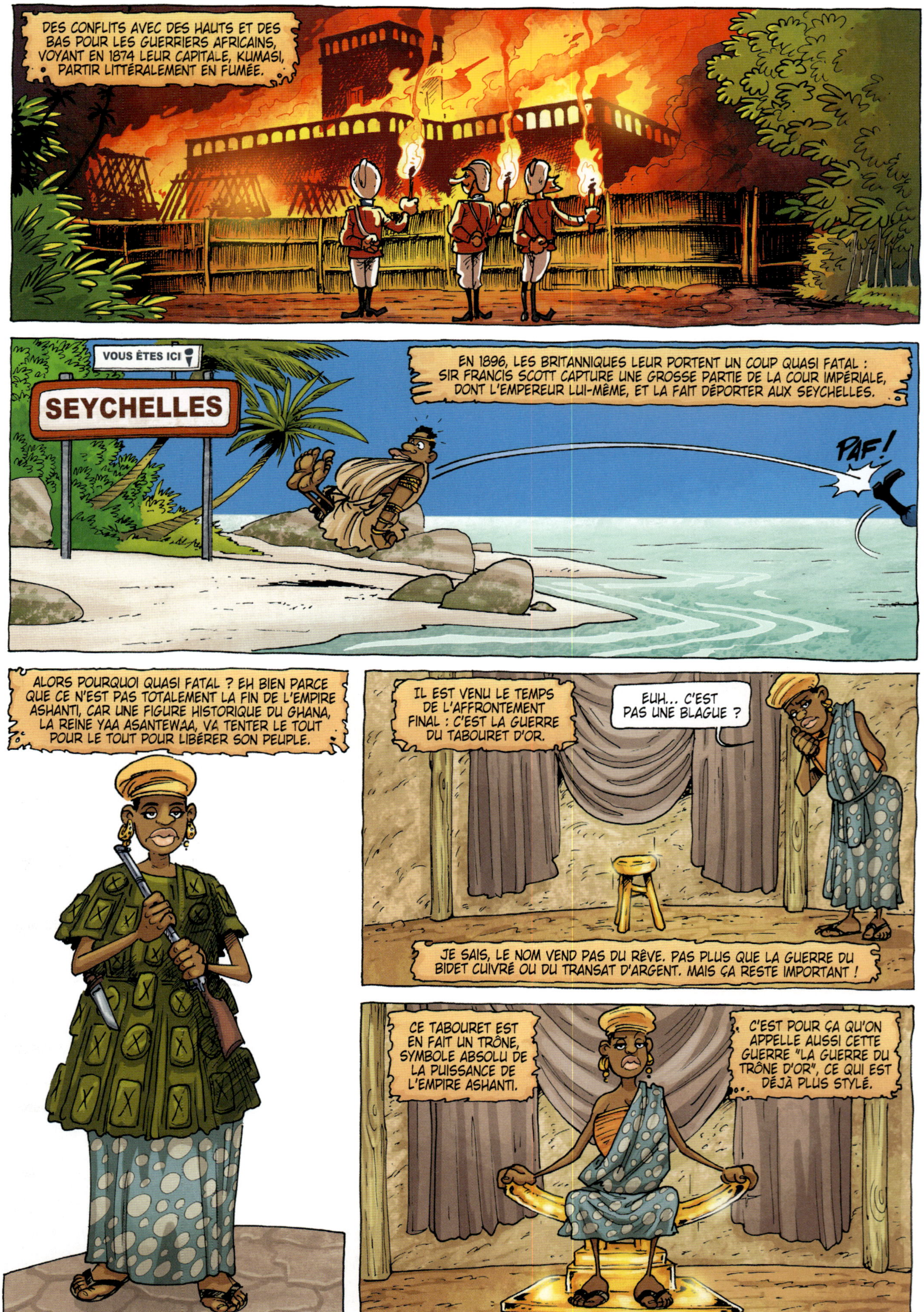

DES CONFLITS AVEC DES HAUTS ET DES BAS POUR LES GUERRIERS AFRICAINS, VOYANT EN 1874 LEUR CAPITALE, KUMASI, PARTIR LITTÉRALEMENT EN FUMÉE.
VOUS ÊTES ICI
SEYCHELLES
EN 1896, LES BRITANNIQUES LEUR PORTENT UN COUP QUASI FATAL : SIR FRANCIS SCOTT CAPTURE UNE GROSSE PARTIE DE LA COUR IMPÉRIALE, DONT L'EMPEREUR LUI-MÊME, ET LA FAIT DÉPORTER AUX SEYCHELLES.
PAF!
ALORS POURQUOI QUASI FATAL ? EH BIEN PARCE QUE CE N'EST PAS TOTALEMENT LA FIN DE L'EMPIRE ASHANTI, CAR UNE FIGURE HISTORIQUE DU GHANA, LA REINE YAA ASANTEWAA, VA TENTER LE TOUT POUR LE TOUT POUR LIBÉRER SON PEUPLE.
IL EST VENU LE TEMPS DE L'AFFRONTEMENT FINAL : C'EST LA GUERRE DU TABOURET D'OR.
EUH... C'EST PAS UNE BLAGUE ?
JE SAIS, LE NOM VEND PAS DU RÊVE. PAS PLUS QUE LA GUERRE DU BIDET CUIVRÉ OU DU TRANSAT D'ARGENT. MAIS ÇA RESTE IMPORTANT !
CE TABOURET EST EN FAIT UN TRÔNE, SYMBOLE ABSOLU DE LA PUISSANCE DE L'EMPIRE ASHANTI.
C'EST POUR ÇA QU'ON APPELLE AUSSI CETTE GUERRE "LA GUERRE DU TRÔNE D'OR", CE QUI EST DÉJÀ PLUS STYLÉ.

APRÈS LA DÉPORTATION D'UNE BONNE PARTIE DE LA COUR ASHANTIE, DONC, LES BRITANNIQUES REVENDIQUENT LE TRÔNE D'OR POUR ASSEOIR DÉFINITIVEMENT LEUR POUVOIR SUR LA RÉGION.
ET LA PLUPART DES CHEFS DE CLANS ASHANTIS SONT UN PEU DÉMORALISÉS PAR LEUR DÉFAITE.
YAA ASANTEWAA EST LA REINE D'UN DES DISTRICTS DE L'EMPIRE ET, À CE TITRE, ELLE RÉUNIT LES AUTRES CHEFS DE CLANS POUR DÉFINIR LA LIGNE DE CONDUITE À ADOPTER FACE À L'ENVAHISSEUR.
CELA PEUT SEMBLER ÉTONNANT DE VOIR UNE FEMME À LA TÊTE D'UN DISTRICT, MAIS CHEZ LES ASHANTIS ELLES PARTICIPENT ACTIVEMENT À LA VIE DE LA SOCIÉTÉ ET TOUS LES POSTES ADMINISTRATIFS SONT "DOUBLÉS".
C'EST-À-DIRE QUE POUR CHAQUE POSTE TENU PAR UN HOMME POUR DIRIGER LES HOMMES, LE MÊME POSTE EST TENU PAR UNE FEMME POUR DIRIGER LES FEMMES.
ALORS QUE LES CHEFS DE CLANS HÉSITENT À PRENDRE LES ARMES POUR ALLER LIBÉRER LEUR CHEF BIEN-AIMÉ, YAA ASANTEWAA N'Y VA PAS PAR QUATRE CHEMINS. ELLE FAIT UN GRAND DISCOURS EN LEUR DISANT, DE MANIÈRE TRÈS RÉSUMÉE :
SI VOUS, LES HOMMES, VOUS VOUS CHIEZ TROP DANS LE FROC POUR ALLER METTRE VOTRE VIE EN DANGER ET SAUVER L'EMPIRE, NOUS ,LES FEMMES, ON LE FERA. ALORS TAÏAUT !
ET C'EST AINSI QU'EN 1900, ELLE FÉDÈRE LES REBELLES ET DIRIGE LA DERNIÈRE GUERRE DES ASHANTIS CONTRE LES BRITANNIQUES.
ELLE LÈVE UNE ARMÉE DE PRÈS DE 5 000 GUERRIERS, FAIT DE SA VILLE NATALE EJISU SON QUARTIER GÉNÉRAL ET MÈNE DES RAIDS CONTRE L'ENNEMI PENDANT PRÈS DE ONZE MOIS.

LE COUP D'ÉCLAT DE CETTE GUERRE RESTE LE SIÈGE PAR YAA ASANTEWAA DU FORT DE KUMASI, LA CAPITALE DE L'EMPIRE, DONC.

VOUS ÊTES ICI
SEYCHELLES
MAIS APRÈS PLUSIEURS MOIS DE LUTTE, LE GOUVERNEUR DE LA RÉGION ENVOIE PLUSIEURS MILLIERS D'HOMMES POUR LIBÉRER LE FORT ET, MALHEUREUSEMENT POUR LA REINE, IL Y PARVIENT.
ELLE EST CAPTURÉE AVEC LES PRINCIPAUX INSTIGATEURS DE LA RÉBELLION ET EST À SON TOUR DÉPORTÉE AUX SEYCHELLES.

RÉSULTAT : L'EMPIRE ASHANTI S'ÉCROULE EN 1902 ET LE TERRITOIRE PASSE DIRECTEMENT SOUS LE COMMANDEMENT BRITANNIQUE EN ÉTANT INTÉGRÉ À SA COLONIE DE LA CÔTE DE L'OR.
AFRIQUE OCCIDENTALE FRANÇAISE
GAMBIE
CÔTE DE L'OR
NIGERIA
MAIS AUJOURD'HUI, AU GHANA, TOUT LE MONDE SE SOUVIENT ENCORE DE L'HISTOIRE DE YAA ASANTEWAA, CELLE QUI A SU SE DRESSER CONTRE L'ENVAHISSEUR, MOBILISER HOMMES ET FEMMES ET PRENDRE LA TÊTE DES FORCES ARMÉES POUR LIBÉRER SON PEUPLE.

FINALEMENT, C'EST UN PEU LA JEANNE D'ARC DU GHANA... D'AILLEURS, SA FIGURE EST, AU MÊME TITRE QUE JEANNE D'ARC CHEZ LES FRANÇAIS OU LAKSHMÎ BAÎ CHEZ LES INDIENS, UTILISÉE RÉGULIÈREMENT PAR LES POLITICIENS AFIN DE JUSTIFIER UNE LIGNE IDÉOLOGIQUE OU DE SE REVENDIQUER D'UNE CERTAINE HISTOIRE REBELLE.

ÉRASME DE SLOVÉNIE
? - 1484
LA DÉLINQUANCE, ÇA NE DATE PAS D'HIER ! ET COMME AUJOURD'HUI, CE NE SONT PAS FORCÉMENT LES PLUS PAUVRES QUI S'AGITENT LE PLUS ! LES CHEVALIERS BRIGANDS, OU CHEVALIERS PILLEURS, SONT AINSI DES NOBLES QUI PRENNENT LE CHEMIN SOMBRE DU VOL, VOIRE DU MEURTRE, ET QUI OFFICIENT LOCALEMENT AVANT DE FINIR, GLOBALEMENT, EN PÂTÉE POUR CHAT. MAIS IL FAUT AVOUER QUE DANS CETTE CATÉGORIE DE VOYOUS PEU SCRUPULEUX, CERTAINS S'EN TIRENT AVEC PLUS DE PANACHE QUE D'AUTRES.

EN 1457, LE JEUNE ROI LADISLAS Ier DE BOHÊME MEURT DANS UN CONTEXTE POLITIQUE TRÈS DIFFICILE.
LES BARONS DE TOUTE LA HONGRIE SE DÉCHIRENT ALORS POUR SAVOIR QUI SERA LE PROCHAIN ROI.
GEORGES DE BOHÊME, QUI ÉTAIT LE RÉGENT DU ROI, PROPOSE ALORS DE METTRE SUR LE TRÔNE UN JEUNE HOMME DE 15 ANS, MATTHIAS KORVIN.
MATTHIAS EST ÉLU, MAIS SANS EMPORTER TOUS LES SUFFRAGES : UNE PARTIE DE LA NOBLESSE CHERCHE À LE RENVERSER AU PROFIT D'UN SOUVERAIN PLUS FAVORABLE À SES IDÉES, FRÉDÉRIC III, EMPEREUR DU SAINT-EMPIRE.
Mer du Nord
Océan Atlantique
France
Saint-Empire
Bohême
Pologne Lituanie
Autriche
Suisse
Hongrie
Transylvanie
Venise
Valachie
Empire Ottoman
Castille
Aragon
Portugal
Etat de l'Eglise
Naples
Mer Méditerranée
Sicile
EN EFFET, CE DERNIER ÉTAIT CELUI QUI AVAIT PLACÉ À SON POSTE LADISLAS, LE DÉFUNT ROI, MAIS ÉGALEMENT GEORGES, LE RÉGENT.
SI ON AJOUTE ÇA AU FAIT QU'EN MOURANT, LADISLAS A TRANSMIS SON TITRE D'ARCHIDUC D'AUTRICHE À FRÉDÉRIC III, ON SENT BIEN QUE L'EMPEREUR A DEVANT LUI UN BOULEVARD POUR RÉCUPÉRER UN MAX DE TITRES, MÊME SI CE N'EST PAS SON BUT PREMIER.
FRÉDÉRIC NE CHERCHE QU'À MANIFESTER SON OPPOSITION À LA NOMINATION DE KORVIN.

C'EST LE DÉBUT D'UN AFFRONTEMENT QUI VA LES OPPOSER PENDANT QUELQUES ANNÉES, JUSQU'EN 1462...
... ET LA VICTOIRE DE FRÉDÉRIC, QUI LAISSE KORVIN SUR LE TRÔNE DE HONGRIE TANDIS QU'IL CONTINUE À RÉGNER SUR LE SAINT-EMPIRE.

C'EST DANS CE CONTEXTE QUE NOUS FAISONS LA CONNAISSANCE D'ÉRASME DE PREDJAMA, UN CHEVALIER AUX MŒURS LÉGÈRES QUI AIMAIT BIEN SE REMPLIR LES POCHES EN ATTAQUANT LES VOYAGEURS ET LES COMMERÇANTS SUR LA ROUTE.

UN CHEVALIER QUI, DURANT LA GUERRE POUR LE TRÔNE DE HONGRIE, A PRIS PARTI POUR KORVIN.
ATTENTION, LES SOURCES HISTORIQUES SONT UN PEU ROMANCÉES ET ON NE SAIT FINALEMENT PAS BIEN CE QUI RELÈVE DE L'HISTOIRE OU DE LA FICTION...

EN 1483, SON SEUL AMI, LE CHEVALIER ANDREAS BAUMKIRCHNER, ÉTAIT DANS LA MÊME MOUVANCE DES CHEVALIERS PILLARDS, MAIS EN PLUS AMBITIEUX, CE QUI LUI VAUT D'ÊTRE DÉCAPITÉ SUR ORDRE DE L'EMPEREUR FRÉDÉRIC III.
CETTE EXÉCUTION PASSE MAL AUPRÈS D'ÉRASME, ET ELLE LE POUSSE À LA FAUTE LORSQU'UN DES PROCHES DU ROI, LE MARÉCHAL PAPPENHEIM, VIENT À SE MOQUER DE SON DÉFUNT COMPAGNON D'AVENTURE.
APRÈS AVOIR PÉTÉ SON CÂBLE ET TUÉ DE SANG-FROID LE VILAIN PLAISANTIN, ÉRASME CRAINT D'ÊTRE PUNI... EN TOUTE HONNÊTETÉ, IL A RAISON...
... CAR IL EST DONC CONDAMNÉ À MORT PUIS EMPRISONNÉ EN ATTENDANT SA PEINE. MAIS IL PARVIENT À S'ENFUIR.
IL PART DONC SE RÉFUGIER AU CHÂTEAU DE PREDJAMA. FRÉDÉRIC III SOMME ALORS RAVBAR, LE GOUVERNEUR DE LA RÉGION DE TRIESTE, DE LE RETROUVER ET DE LUI FAIRE LA PEAU POUR EN FINIR DÉFINITIVEMENT AVEC CE TRUBLION.

VOICI DONC ÉRASME RETRANCHÉ DANS SON FORMIDABLE CHÂTEAU, FORTERESSE IMPRENABLE DU HAUT DE LAQUELLE IL NARGUE LES ARMÉES DE RAVBAR VENUES TENIR UN SIÈGE QUI S'ANNONCE LONG ET PÉNIBLE.
VENEZ, JE VOUS ATTENDS !
D'AUTANT QUE SI RAVBAR PENSAIT POUVOIR L'AFFAMER, C'EST RATÉ ! POUR LUI PROUVER QU'IL A DES RÉSERVES, LE CHEVALIER, PLUTÔT BLAGUEUR, JETTE DU HAUT DES REMPARTS UN BŒUF ENTIER COUPÉ EN QUARTIERS.
ET UN PEU PLUS TARD, POUR PÂQUES, IL LUI ENVOIE MÊME DES MOUTONS.
LE CHOCOLAT N'EST PAS ENCORE À LA MODE...
LA VÉRITÉ, C'EST QUE LE CHÂTEAU EST RELIÉ À UN RÉSEAU DE GROTTES ET DE GALERIES QUI LUI PERMETTENT, *VIA* UN PASSAGE SECRET, DE SE RÉAPPROVISIONNER SANS AUCUN EFFORT. DANS CE CONTEXTE, ON A DU MAL À VOIR COMMENT L'ARMÉE IMPÉRIALE, AUX PORTES DU CHÂTEAU, PEUT VENIR À BOUT DU PROVOCATEUR...

ET LÀ COMME BIEN SOUVENT, Y A PAS DE RÉPONSE MAGIQUE, HEIN, C'EST L'ARGENT QUI DÉBLOQUE LA SITUATION.
EN EFFET, RAVBAR ARRIVE À CORROMPRE UN DES VALETS D'ÉRASME ET UN PLAN EST ÉCHAFAUDÉ.
UN SOIR DE 1484, ALORS QUE LE CHEVALIER ÉRASME DE PREDJAMA TORTILLE DU CUL DANS UNE DE SES TOURS POUR VISER JUSTE...
... SUR LES REMPARTS, SON VALET INDIQUE L'EMPLACEMENT DE SON SEIGNEUR AUX TROUPES ENNEMIES.
UN CANON EST AJUSTÉ.
UN BOULET TIRÉ.
BRAOUM
LA TOUR FRACASSÉE S'EFFONDRE SUR LE PAUVRE CHEVALIER, METTANT AINSI FIN À SON HISTOIRE MAIS PAS À SA LÉGENDE, PUISQU'AUJOURD'HUI ENCORE ÉRASME EST BIEN VIVANT DANS LA CULTURE POPULAIRE DU PAYS ET DANS SA LITTÉRATURE.
AÏEUH !
ÇA M'APPRENDRA À FAIRE CONFIANCE AUX AUTRES... OU À GARDER MON SANG-FROID...

LOUIS DE BOURBON
1604 - 1641
QUAND ON OBSERVE LA VIE POLITIQUE AUJOURD'HUI, ON SE DIT QUE ÇA DEVAIT ÊTRE PLUS SIMPLE À L'ÉPOQUE : UN ROI À SUIVRE, PAS DE DÉBAT POSSIBLE... QUE NENNI ! CAR SI LE ROI FAIT FOI, LES COMPLOTS SONT NOMBREUX AUTOUR DE SA PERSONNE ET TOUT LE MONDE VEUT PRENDRE SA PLACE ! ALORS IMAGINEZ DANS LE CONTEXTE DES GUERRES DE RELIGION ! LOUIS DE BOURBON-SOISSONS, MILITAIRE DE HAUT VOL, PREND AINSI PART À LA VIE POLITIQUE COMPLEXE DU XVIIᴱ SIÈCLE. MAIS POUR LUI, L'HISTOIRE S'ARRÊTE PLUS TÔT QUE CE QU'IL AVAIT SANS DOUTE PRÉVU, LE COUP DE GRÂCE VENANT D'UN ENNEMI DONT IL AURAIT DÛ SE MÉFIER...

LOUIS DE BOURBON, COMTE DE SOISSONS, À NE PAS CONFONDRE AVEC LOUIS DE BOURBON, DIT LOUIS XX, EST NÉ LE 1ER MAI 1604.
Calendrier 1604
AVRIL
MAI
FÉRIÉ
PETIT COUSIN DE LOUIS XIII, IL SE DISTINGUE PAR DE NOMBREUX FAITS D'ARMES CONTRE LES PROTESTANTS, NOTAMMENT LORS DU SIÈGE DE LA ROCHELLE EN 1627.
BAM
BAM
BAM
QUOI QU'IL FASSE, LOUIS REMPORTE TOUTES LES BATAILLES, ET TANT MIEUX POUR LUI.
IL ACQUIERT RAPIDEMENT UNE CERTAINE NOTORIÉTÉ ET IL EST MÊME NOMMÉ GRAND MAÎTRE DE FRANCE.

CONCRÈTEMENT ET GROSSIÈREMENT, C'EST UN PEU L'ÉQUIVALENT D'UN MINISTRE DE L'INTÉRIEUR QUI GÈRE LA MAISON DU ROI.
UNE ADMINISTRATION QUI REGROUPE PLUS DE 1 000 PERSONNES AU SERVICE DU ROI : DES MÉDECINS, DES MUSICIENS, DES HUISSIERS... BREF, DES GENS QUI S'OCCUPENT DE LUI ! MAIS AUSSI DES MILITAIRES QUI LE PROTÈGENT ET DES ECCLÉSIASTIQUES QUI LE SOUTIENNENT DANS SA FOI.
MAIS LOUIS DE BOURBON EST RELATIVEMENT INSTABLE...
ET IL FAUT DIRE QUE PENDANT LE RÈGNE DE LOUIS XIII, C'EST PAS FRANCHEMENT LA JOIE ENTRE PROTESTANTS ET CATHOLIQUES...
C'EST MA RELIGION !
NON, C'EST MA RELIGION !!
ET IL COMPTE BIEN EN TIRER PROFIT, QUITTE À TRAHIR SON ROI.
FAUT AVOIR UN PEU D'AMBITION DANS LA VIE !
EN 1636, EN COMPAGNIE DU FRÈRE DE LOUIS XIII, GASTON D'ORLÉANS, IL CONSPIRE EN SECRET AFIN DE KIDNAPPER ET POURQUOI PAS ASSASSINER LE CARDINAL DE RICHELIEU, QUI EST QUAND MÊME ALORS LA GRANDE FIGURE DU ROYAUME.

LEUR PLAN CONSISTE À ARRÊTER LE CARROSSE DU CARDINAL DANS UN DÉFILÉ.
VVVVVVRRRRRR
MAIS LES COMPLOTEURS NE SONT PAS D'ACCORD SUR LA MARCHE À SUIVRE...
VVVVVVVRRRRRRRZZZZZZZZZ
LE PLAN EST UN ÉCHEC ET LOUIS SE GRILLE AU PASSAGE AUPRÈS DU POUVOIR.
IL TROUVE ALORS REFUGE À SEDAN CHEZ LE DUC DE BOUILLON, UN PROTESTANT, ET REÇOIT L'AIDE DE L'ARMÉE ESPAGNOLE AFIN DE SOUTENIR SES PROJETS.
BLAM BLAM BLAM BLAM
BLAM BLAM BLAM BLAM !

LE 6 JUILLET 1641, LE ROI ENVOIE UNE ARMÉE SOUS LES ORDRES DU MARÉCHAL DE CHÂTILLON AFIN DE MATER LE TRAÎTRE ET SES AMIS.
MAIS MANQUE DE BOL...
... LOUIS DE BOURBON EST FIDÈLE À SA RÉPUTATION.
COUÏNK
ZWIK
KLIK
TIKIZINK TIKIZINK TIKIZINK TIKIZINK TIKIZINK
TZINK
KWOÏNK
KWIK ZINK
ZINK
COMMANDANT LA CAVALERIE, IL CONTOURNE LE CHAMP DE BATAILLE À L'ABRI DE PLUSIEURS COLLINES ET TOMBE PAR SURPRISE SUR LE FLANC DE L'ARMÉE ROYALE.
LA BATAILLE DE LA MARFÉE EST UN FRANC SUCCÈS POUR LES PROTESTANTS.
MAIS PAS POUR LOUIS QUI TROUVE TRAGIQUEMENT LA MORT À LA FIN DE LA BATAILLE.
MAIS COMMENT ? POURQUOI ? QUI A PU TUER NOTRE SI VALEUREUX GUERRIER ?...

... SI CE N'EST LUI-MÊME...
BEN OUI...
EN FAIT, LOUIS A UNE MAUVAISE, UNE TRÈS MAUVAISE HABITUDE.
QUAND TOUT EST TERMINÉ, QUE LA SITUATION EST MAÎTRISÉE, QUE LA BATAILLE EST GAGNÉE, IL N'A QU'UNE ENVIE : PRENDRE L'AIR. FORCÉMENT, C'EST UNE VRAIE FOURNAISE SOUS LES CASQUES DES SOLDATS.
ET JUSTEMENT, IL A PRIS L'HABITUDE DE RELEVER LA VISIÈRE DE SON CASQUE AVEC... SON PISTOLET !
POW!!
EH OUI. CE JOUR-LÀ, ALORS QU'IL REMPORTE LA BATAILLE SUR LES FORCES DU ROI, LOUIS DE BOURBON, COMTE DE SOISSONS, SE TIRE UNE BALLE DANS LA TÊTE EN VOULANT RELEVER LA VISIÈRE DE SON CASQUE.
L'OPPOSITION N'AYANT PLUS VRAIMENT DE CHEF, LES FORCES DU ROI, QUI POURTANT S'ÉTAIT PRIS UNE SACRÉ PÂTÉE, S'INSTALLENT POUR UN SIÈGE AUTOUR DE SEDAN, FORÇANT LE PRINCE DE SEDAN À NÉGOCIER SA SOUMISSION.
ON SALUE LA BELLE PERFORMANCE DE LOUIS !

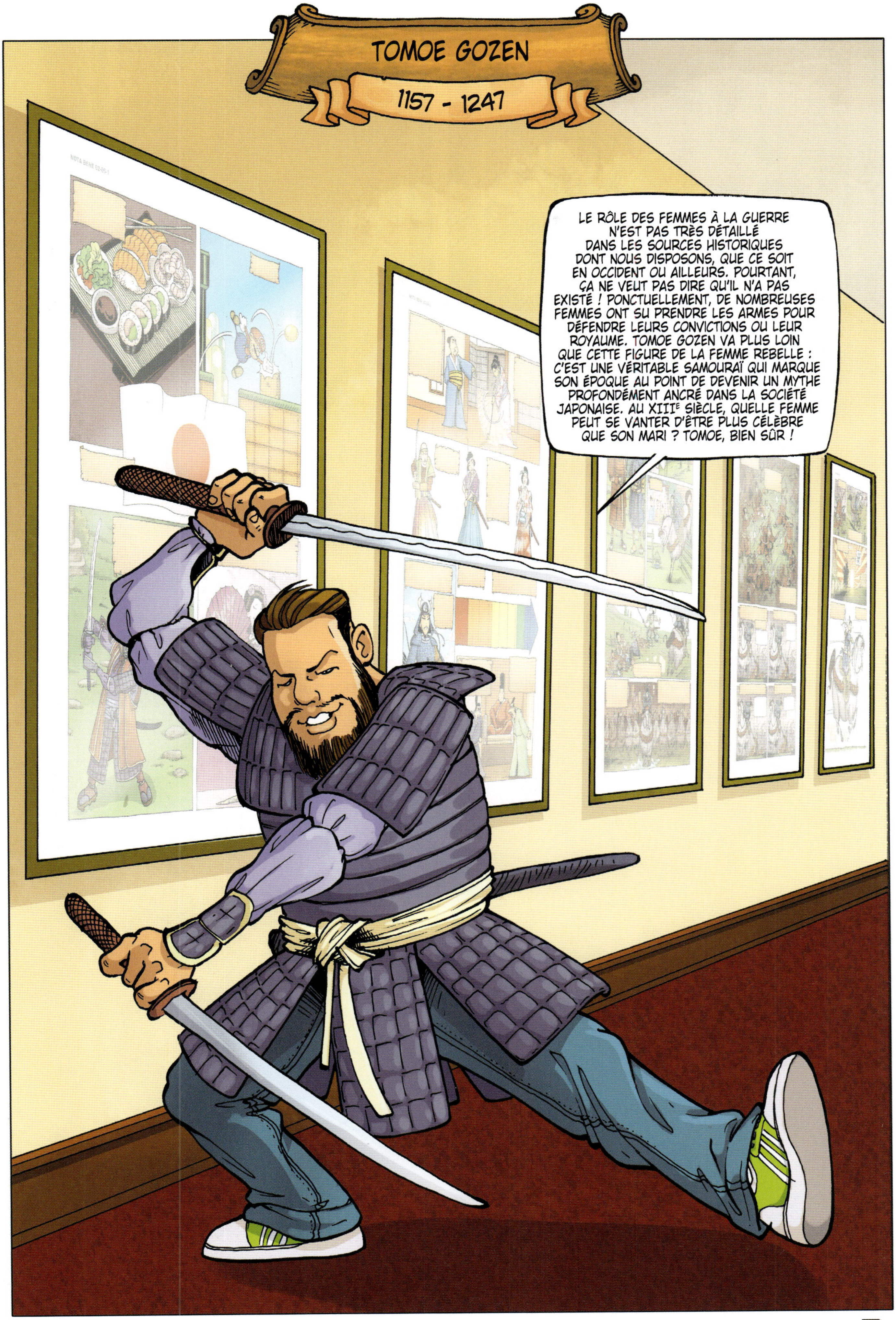
TOMOE GOZEN
1157 - 1247
LE RÔLE DES FEMMES À LA GUERRE N'EST PAS TRÈS DÉTAILLÉ DANS LES SOURCES HISTORIQUES DONT NOUS DISPOSONS, QUE CE SOIT EN OCCIDENT OU AILLEURS. POURTANT, ÇA NE VEUT PAS DIRE QU'IL N'A PAS EXISTÉ ! PONCTUELLEMENT, DE NOMBREUSES FEMMES ONT SU PRENDRE LES ARMES POUR DÉFENDRE LEURS CONVICTIONS OU LEUR ROYAUME. TOMOE GOZEN VA PLUS LOIN QUE CETTE FIGURE DE LA FEMME REBELLE : C'EST UNE VÉRITABLE SAMOURAÏ QUI MARQUE SON ÉPOQUE AU POINT DE DEVENIR UN MYTHE PROFONDÉMENT ANCRÉ DANS LA SOCIÉTÉ JAPONAISE. AU XIIIE SIÈCLE, QUELLE FEMME PEUT SE VANTER D'ÊTRE PLUS CÉLÈBRE QUE SON MARI ? TOMOE, BIEN SÛR !

TOUT À L'EST DE NOTRE TERRE, LÀ OÙ LE SOLEIL SE LÈVE, SE TROUVE UN PAYS QUE L'ON APPRÉCIE POUR SON POISSON CRU...
...SON PLOMBIER À MOUSTACHE...
... SA CULTURE DÉLICATE ET RAFFINÉE AINSI QUE SA TRADITION : LE JAPON.
BON OK, ÇA FAIT UN PEU CLICHÉ !
QUAND ON PARLE CULTURE ET TRADITION AU JAPON, UNE FIGURE PRÉDOMINANTE FRAPPE TOUT DE SUITE NOTRE IMAGINAIRE, CELLE DU SAMOURAÏ, CE LÉGENDAIRE GUERRIER QUI A TRAVERSÉ LES ÂGES, MANIANT AUSSI BIEN LE SABRE QUE L'ARC, SACHANT MONTER À CHEVAL, SAUTER, ROULER.
POUR TEMPÉRER MES PROPOS, LES SAMOURAÏS, ÇA NOUS VIENT SURTOUT QUAND ON PENSE AUX MECS. LES FEMMES JAPONAISES, ELLES NOUS ÉVOQUENT PLUTÔT LES FAMEUSES GEISHAS, ÉLÉGANTES, DÉLICATES ET MAÎTRISANT LES ARTS DANS BIEN DES DOMAINES.

GLOBALEMENT, COMME PARTOUT AILLEURS, L'IMAGE QUE L'ON PEUT AVOIR DE LA SOCIÉTÉ JAPONAISE D'ANTAN, CELLE DES VIEUX LIVRES QUI SENTENT LA POUSSIÈRE, C'EST CELLE D'UNE SOCIÉTÉ TRÈS PATRIARCALE, OÙ L'ART DE LA GUERRE EST EXCLUSIVEMENT PRATIQUÉ PAR DES HOMMES.
D'AILLEURS, LA PLUPART DES SAMOURAÏS N'AVAIENT PAS UNE TRÈS GRANDE ESTIME DE LA FEMME POUR LES TÂCHES QUI DÉPASSENT LE FAIT DE S'OCCUPER DE LA MAISON OU DE FAIRE DES ENFANTS.
POURTANT, ÇA N'A PAS TOUJOURS ÉTÉ AINSI.
TRÈS TÔT DANS L'HISTOIRE DU JAPON, TRADITIONNELLEMENT À PARTIR DU IIᴱ SIÈCLE, ON NOTE L'APPARITION D'ONNA-BUGEISHAS, DES GUERRIÈRES SAMOURAÏS QUI ACCOMPAGNENT LES HOMMES AUX COMBATS, VOIRE LES DIRIGENT.
QUE L'ON SOIT BIEN CLAIR, LES FEMMES N'ÉTAIENT PAS NOMBREUSES SUR LES CHAMPS DE BATAILLE, SUFFISAMMENT RARES POUR QUE CE SOIT SOULIGNÉ, MAIS ÇA A EXISTÉ !
ET UNE DES PLUS CÉLÈBRES ONNA-BUGEISHAS EST SANS DOUTE TOMOE GOZEN.
REPLONGEONS DONC AU CŒUR DU XIIᴱ SIÈCLE, À LA FIN DE LA PÉRIODE HEIAN.
OUI, PARCE QUE SI NOUS, ON DIVISE NOTRE HISTOIRE EN ANTIQUITÉ, MOYEN ÂGE, RENAISSANCE, EUX LE FONT EN PÉRIODES ET ÇA MARCHE TRÈS BIEN AUSSI.
-11000
2000
(GENSHI-JIDAI) PRÉHISTOIRE
PROTOHISTOIRE 0
(KODAI) ANTIQUITÉ 1
(CHÛSEI) MOYEN ÂGE 2
(KINSEI) TEMPS MODERNES 3
(KINDAI/GENDAI) ÉPOQUE CONTEMPORAINE 4
YAMATO
NARA
HEIAN
KAMAKURA
KENMU
MUROMACHI
AZUCHI MOMOYAMA
EDO
MEIJI
TAISHÔ
SHÔWA
HEISEI
0
250
710
794
1185
1336
1573
1603
1868
1926
CE QUI CARACTÉRISE L'HISTOIRE DU JAPON, COMME CELLE DE LA FRANCE, D'AILLEURS, C'EST LA LUTTE POUR LE POUVOIR. ON Y VOIT DONC S'AFFRONTER DES FAMILLES POUR LE CONTRÔLE DE LA COUR IMPÉRIALE ET DONC DU PAYS.
EN 1180, CELA FAIT DÉJÀ PAS MAL D'ANNÉES QUE LES TENSIONS SONT VIVES ENTRE LE FIEF DES TAIRA ET CELUI DES MINAMOTO. JUSQU'À CE QUE LE CONFLIT ÉCLATE : C'EST LA GUERRE CIVILE DE GENPEI.
日の丸の旗

L'UN DES GÉNÉRAUX DU FIEF MINAMOTO SE NOMME YOSHINAKA. PAR LA SUITE, ON PARLERA BEAUCOUP DE LUI DANS DES BOUQUINS, MÊME QU'ON EN FERA UNE SORTE DE HÉROS.
MAIS CE QUI NOUS INTÉRESSE SURTOUT CHEZ LUI, C'EST SA FEMME : TOMOE GOZEN.
ON NE SAIT PAS OÙ ELLE EST NÉE, ON NE SAIT PAS OÙ ELLE EST MORTE, ON NE SAIT PAS D'OÙ ELLE VIENT, ET EN TANT QU'ICÔNE MÉDIÉVALE, SON HISTOIRE A ÉTÉ ÉCRITE TANT DE FOIS, FAISANT DE SA VIE UN VÉRITABLE ROMAN, QU'IL EST IMPOSSIBLE DE DÉMÊLER LES FAITS RÉELS ET LES INVENTIONS.
CE QUI EST SÛR, C'EST QU'ELLE EST CONNUE NON SEULEMENT POUR SA BEAUTÉ ET SA FORCE, MAIS AUSSI POUR SES TALENTS D'ARCHER...
... ET SA MAÎTRISE DE L'ÉQUITATION.
ELLE EST DONC UNE ALLIÉE DE POIDS QUI VA RÉGULIÈREMENT CONVAINCRE YOSHINAKA, SON ÉPOUX OU AMANT SUIVANT LES VERSIONS, DE LA NOMMER À LA TÊTE D'UNE PARTIE DE SES TROUPES.
EN JUIN 1181, ELLE FAIT SES DÉBUTS AU COURS DE LA BATAILLE DE YOKOTAGAWARA, OÙ ELLE MET 7 CAVALIERS ENNEMIS À TERRE.
EN 1183, DEVENUE L'UN DES PRINCIPAUX COMMANDANTS DE YOSHINAKA, ELLE EST À LA TÊTE DE 1 000 CAVALIERS, AVEC LESQUELS ELLE REMPORTE DES BATAILLES DÉSESPÉRÉES.
MAIS C'EST SURTOUT EN 1184 QUE SA GLOIRE EST À SON APOGÉE. ELLE SE DISTINGUE À LA BATAILLE DE UCHIDE NO HAMA, OÙ ELLE AFFRONTE 6 000 CAVALIERS ET PARVIENT À S'EN SORTIR, MÊME SI UNE GROSSE PARTIE DE SES EFFECTIFS FOND COMME NEIGE AU SOLEIL.

À CETTE ÉPOQUE, YOSHINAKA A UN PEU LE CUL ENTRE DEUX CHAISES ET SE BAT ÉGALEMENT CONTRE SON PROPRE FIEF DONT IL VEUT PRENDRE LA TÊTE.
TOMOE S'ENGAGE ALORS AU COMBAT UNE DERNIÈRE FOIS DURANT LA BATAILLE D'AWAZU AVANT DE RENDRE SON ARMURE. C'EST LORS DE CETTE BATAILLE QUE MEURT SON AMANT, YOSHINAKA.
LES SOURCES NE SONT PAS CLAIRES, MAIS ALORS QU'ILS N'ÉTAIENT PLUS QUE 5 CAVALIERS FACE À L'ENNEMI, YOSHINAKA AURAIT DEMANDÉ À TOMOE DE PARTIR.
ET SUR CE POINT PRÉCIS DE L'HISTOIRE, LES HISTORIENS NE SAVENT PAS TRÈS BIEN POURQUOI, PUISQU'IL EXISTE PLUSIEURS VERSIONS DES FAITS SELON LES TEXTES.
SOIT PAR AMOUR, CAR IL AVAIT PEUR POUR ELLE.
PARS, MON AMOUR. JE NE PEUX ME RÉSIGNER À TE VOIR PÉRIR AVEC MOI.
SOIT PAR SOUCI DE MÉMOIRE, VOULANT QUE QUELQU'UN S'ÉCHAPPE POUR RACONTER SON HISTOIRE.
PARS, MON AMOUR. TU DEVRAS RACONTER MES EXPLOITS AUX GÉNÉRATIONS FUTURES.
SOIT PAR JALOUSIE, CAR CELLE QUE L'ON DIT "ÉGALE À 1 000 GUERRIERS" AURAIT PU PORTER OMBRAGE À SA PROPRE MORT.
PARS, MON AMOUR. UNE FEMME NE PEUT PAS VOLER LA RENOMMÉE ÉTERNELLE QUE CETTE MORT SOUDAINE VA M'APPORTER.
SOIT PAR HONTE, DE PEUR QUE L'ENNEMI ASSOCIE SA DÉFAITE À CELLE D'UNE FEMME.
PARS, MON AMOUR. SI TU MEURS À MES CÔTÉS, CE SERA GRAVE LA HONTE.

QUOI QU'IL EN SOIT, YOSHINAKA MEURT CE JOUR-LÀ À AWAZU.
ET ALORS QU'UN ENNEMI, QUE L'ON CONNAÎT SOUS LE NOM D'UCHIDA IEYOSHI, TENTE DE CAPTURER LA JEUNE FEMME, CELLE-CI LE TRANSPERCE DE SA LAME AVANT DE S'ENFUIR.
LA LÉGENDE DIT QU'ON L'A APERÇUE QUITTER LE CHAMP DE BATAILLE EN EMPORTANT LA TÊTE DE SON AMOUREUX. POÉTIQUE, HEIN...
I'M A POOR LONESOME COWGIRL...
MAIS LE RÉSULTAT EST LÀ : TOMOE PART DONC ET SE VOIT PRIVÉE DE SA MORT GLORIEUSE AU COMBAT, UNE MORT TRÈS IMPORTANTE POUR LES GUERRIERS CAR ELLE FAIT PARTIE INTÉGRANTE DE LEUR VIE.
UNE BELLE INJUSTICE POUR CELLE QUE MÊME SES ENNEMIS CONSIDÉRAIENT COMME UNE SAMOURAÏ DE TRÈS HAUT NIVEAU.
HUIT SIÈCLES PLUS TARD, C'EST DE MOI DONT ON SE SOUVIENT, DONC ÇA VA, J'AI DIGÉRÉ.

À CETTE ÉPOQUE, YOSHINAKA A UN PEU LE CUL ENTRE DEUX CHAISES ET SE BAT ÉGALEMENT CONTRE SON PROPRE FIEF DONT IL VEUT PRENDRE LA TÊTE.
TOMOE S'ENGAGE ALORS AU COMBAT UNE DERNIÈRE FOIS DURANT LA BATAILLE D'AWAZU AVANT DE RENDRE SON ARMURE. C'EST LORS DE CETTE BATAILLE QUE MEURT SON AMANT, YOSHINAKA.
LES SOURCES NE SONT PAS CLAIRES, MAIS ALORS QU'ILS N'ÉTAIENT PLUS QUE 5 CAVALIERS FACE À L'ENNEMI, YOSHINAKA AURAIT DEMANDÉ À TOMOE DE PARTIR.
ET SUR CE POINT PRÉCIS DE L'HISTOIRE, LES HISTORIENS NE SAVENT PAS TRÈS BIEN POURQUOI, PUISQU'IL EXISTE PLUSIEURS VERSIONS DES FAITS SELON LES TEXTES.
SOIT PAR AMOUR, CAR IL AVAIT PEUR POUR ELLE.
PARS, MON AMOUR. JE NE PEUX ME RÉSIGNER À TE VOIR PÉRIR AVEC MOI.
SOIT PAR SOUCI DE MÉMOIRE, VOULANT QUE QUELQU'UN S'ÉCHAPPE POUR RACONTER SON HISTOIRE.
PARS, MON AMOUR. TU DEVRAS RACONTER MES EXPLOITS AUX GÉNÉRATIONS FUTURES.
SOIT PAR JALOUSIE, CAR CELLE QUE L'ON DIT "ÉGALE À 1 000 GUERRIERS" AURAIT PU PORTER OMBRAGE À SA PROPRE MORT.
PARS, MON AMOUR. UNE FEMME NE PEUT PAS VOLER LA RENOMMÉE ÉTERNELLE QUE CETTE MORT SOUDAINE VA M'APPORTER.
SOIT PAR HONTE, DE PEUR QUE L'ENNEMI ASSOCIE SA DÉFAITE À CELLE D'UNE FEMME.
PARS, MON AMOUR. SI TU MEURS À MES CÔTÉS, CE SERA GRAVE LA HONTE.

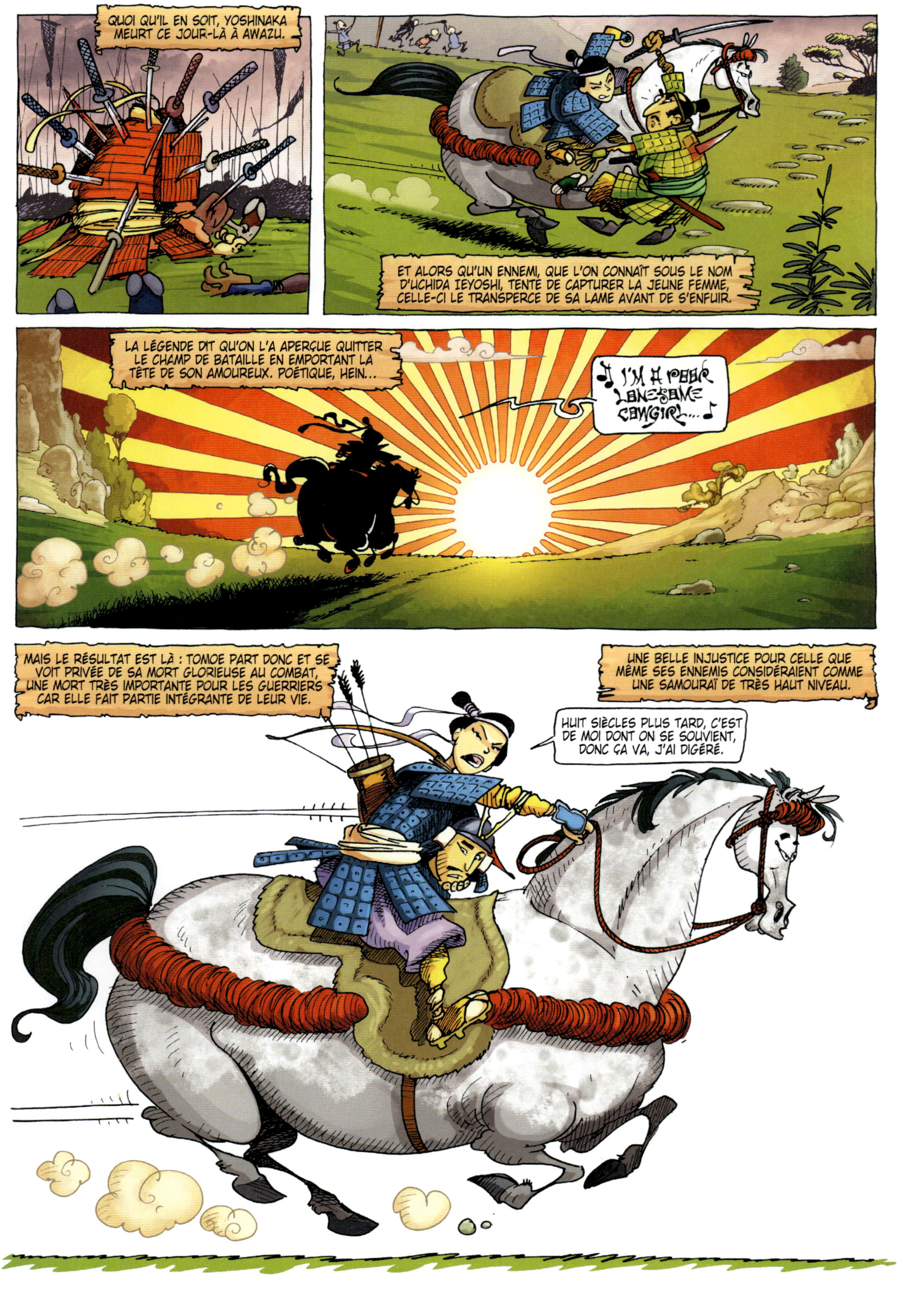
QUOI QU'IL EN SOIT, YOSHINAKA MEURT CE JOUR-LÀ À AWAZU.
ET ALORS QU'UN ENNEMI, QUE L'ON CONNAÎT SOUS LE NOM D'UCHIDA IEYOSHI, TENTE DE CAPTURER LA JEUNE FEMME, CELLE-CI LE TRANSPERCE DE SA LAME AVANT DE S'ENFUIR.
LA LÉGENDE DIT QU'ON L'A APERÇUE QUITTER LE CHAMP DE BATAILLE EN EMPORTANT LA TÊTE DE SON AMOUREUX. POÉTIQUE, HEIN...
I'M A POOR LONESOME COWGIRL...
MAIS LE RÉSULTAT EST LÀ : TOMOE PART DONC ET SE VOIT PRIVÉE DE SA MORT GLORIEUSE AU COMBAT, UNE MORT TRÈS IMPORTANTE POUR LES GUERRIERS CAR ELLE FAIT PARTIE INTÉGRANTE DE LEUR VIE.
UNE BELLE INJUSTICE POUR CELLE QUE MÊME SES ENNEMIS CONSIDÉRAIENT COMME UNE SAMOURAÏ DE TRÈS HAUT NIVEAU.
HUIT SIÈCLES PLUS TARD, C'EST DE MOI DONT ON SE SOUVIENT, DONC ÇA VA, J'AI DIGÉRÉ.

À Calie, Emile, Eloïse et Arthur, ma « petite » tribu
qui me donne toujours l'envie de créer.

À Christian, Mathieu, Charlotte et Jean, mes compagnons d'aventure
dans ce nouveau projet avec tout leur talent, leur sincérité et leur bienveillance.

À tous les passionnés d'Histoire, et à ceux qui ne le sont pas,
qui soutiennent mon travail depuis des années.

BENJAMIN

DÉJÀ PARUS

Éditeur : Jean Wacquet

Soleil
44, rue Baudin
83000 Toulon – France

Soleil Paris
8, rue Léon Jouhaux
75010 Paris – France

Conception et réalisation graphique : Studio Soleil

Dépôt légal : Octobre 2019 – ISBN : 978-2-302-07887-1

Achevé d'imprimer en décembre 2019
sur les presses de l'imprimerie PPO, à Palaiseau, France

soleilprod.com